国人的**教养**

安中玉 编著

黑龙江美术出版社

图书在版编目（CIP）数据

中国人的教养 / 安中玉编著 . -- 哈尔滨 : 黑龙江
美术出版社 , 2024. 10. -- ISBN 978-7-5755-0719-6

Ⅰ . G782

中国国家版本馆 CIP 数据核字第 2024R4B125 号

书　　名：中国人的教养
ZHONGGUOREN DE JIAOYANG

出 版 人：乔　靓
编　　著：安中玉
责任编辑：李　旭
装帧设计：黄　辉
出版发行：黑龙江美术出版社
地　　址：哈尔滨市道里区安定街 225 号
邮政编码：150016
发行电话：（0451）84270514
经　　销：全国新华书店
制　　版：姚天麒
印　　刷：三河市兴博印务有限公司
开　　本：710mm×1000mm　1/16
印　　张：10
字　　数：124 千字
版　　次：2024 年 10 月第 1 版
印　　次：2024 年 10 月第 1 次印刷
书　　号：ISBN 978-7-5755-0719-6
定　　价：59.00

注：如有印、装质量问题，请与出版社联系。

前言

    中国被称为"文明古国""礼仪之邦"，由很多优秀的传统文化流传下来的老规矩，不仅仅是礼仪、修养，更是中国式的教养。

    中国式教养，是先辈留给我们后人为人处世的智慧锦囊。"不学礼，无以立。"以孔子为代表人物的儒家思想是中国式教养的核心，从古流传至今，博大精深，在中国传统文化中意义重大。中国式教养，不仅是古人对子孙后代的提醒、告诫，更是许许多多德高望重的名人志士在立身、处世、立志、为学等多方面对后辈的教育和帮扶。可以说，中国式教养是维系几千年文化的根脉，它的内容异常丰富，影响力非常深远，值得我们每一个人去学习和传承。

    对于中国式教养来说，它不仅是扎根于我们内心的修养，更是无需别人催促的自律，是善于自我约束的自由，是换位思考的善良，是尊重他人的品质。它与财富无关，比才华重要，它体现在你的一言一行中。每一个细微的动作、表情都在向周围人传递

面试

着你的个人信息，包括你的品德、气质、人品、礼仪。

"小而不为，老来何为？"每一个人都要把中国式教养作为人生的第一课。从每一件小事做起，培养自己敢于面对挫折的勇气，让自己拥有温暖坚定的力量，懂得分寸，知道进退，好好说话，好好思考……

本书从气质、情绪、自律、语言四个方面，结合古人的智慧语录、理论及案例解读（案例中所涉人名均为化名）帮助大家用中国式教养来滋养自己，同时还能对照古代前贤的心得体会进行反思，从而让自己成为一个品行俱佳、光明磊落，有君子之风的人。

目录

第三章　克制果断的自律教养

第四章 改变命运的语言教养

第一章
源自内心的气质教养

　　你是不是从小就听过这样的规矩：全家人一起吃饭时，要等长辈先动筷；不能斜眼看别人；坐着的时候不能抖腿……这些规矩和礼仪不仅仅是传统文化习惯，更是中国式教养。对于每一个中国人来说，你的举手投足、待人接物等细节，无时无刻不在展示着你的教养，接受着别人目光的审视。真正的教养是源自温柔、善良的内心，是从骨子里散发出来的魅力。

第一节　教养是从骨子里散发出来的魅力

　　孔子曾经说："不学礼，无以立。"这句话是在告诉我们，一个人要想有所成就，首先要做一个有教养的人。教养是从骨子里散发出来的魅力，是一个人思想道德、文化修养的体现；是一个人从小到大学到的规矩；是一个人待人接物所表现出的礼仪素养。有教养的人，不仅是一个有理有节、知书达理的人，一个谦卑向上、正直善良的人，而且是一个才华横溢、真诚温暖的人。

　　春秋时期，卫国有一个人名叫哀骀它，这个人形貌极为难看。按说人们对这样的人会避之不及，可令人奇怪的是哀骀它竟然很受人们欢迎，大家非常喜欢和他做朋友。很快，这事就传到了鲁国君主鲁哀公的耳中，他不信邪，非要去和他接触试试。没想到接触了一段时

要不你帮我管管国家？

不行不行，这事我可干不了。

间后，鲁哀公发现自己越来越离不开哀骀它了，甚至想把国事委托给他。哀骀它知道后，没过多久就离开了。鲁哀公觉得自己失去了一个亲密的朋友，因此非常难过。

鲁哀公不知道这个看起来很普通的人为什么会有这么大的魅力，于是向孔子请教。孔子告诉他：人们普遍认为，能言善辩或者是容貌秀美的人更容易受欢迎，其实这只是最初吸引别人注意力的外在表现，如果只有外在表现，缺少内在修养，那么这个人早晚会被大家远离。哀骀它却不一样，虽然他不好看，但是他懂得尊重别人，有足够的心胸和智慧，视野开阔，心态平和，正是这些不断表现出来的高尚品德，让我们感觉到了一种温暖与信任，这样，人们自然非常愿意亲近他了。

为什么哀骀它如此受人欢迎呢？

因为他是个内在丰富且品德高尚的人。

一个人是否具有魅力，不只是看他的外表，而是看他是否有教养。这种发自内心的美好气质，会让你成为一个有风度、有涵养的人，这样的人自然会受到更多人的欢迎和喜爱。

一个内心强大的人，从来不会用各种伪装来掩饰自己。他们自信且坚定、从容又知足，从他们身上，你感受不到强势，有的只是温柔与平和。其实，这样的人也是刚柔并济的。他们通常会把刚强的一面都保留在内心，他们知道自己想要什么，并会为了自己的目标而努力，不会人云亦云，随意改变。此外，他们友善宽容，友好且有分寸，不争不抢，积极向上地生活。这种温和从容正是一种深层次的教养，是从骨子里散发出来的魅力。

下雪天，火车站的几个自助取票机前都排起了长长的队伍，大家都焦急地等待着取票回家过年。这时，一个女孩拖着大箱子快步跑进了大厅。当她看到眼前长长的队伍时，脸上闪现出着急的神情。只见她深吸一口气，着急忙慌地跑到左边第一个自助取票机旁，对排在最前面的一位阿姨说："阿姨您好，能不能让我先取个票？我乘坐的那趟火车就要开了。"阿姨看了看她，又看了看后面的人，说："你看这么

阿姨，我快迟到了，能让我先取下票吗？

那可不行，我都排半天了。

多人都在排队呢，我让了你，别人该不高兴了。"阿姨的话让女孩儿更加不知所措了，她拉着箱子快哭出来了。

　　就在这时，旁边自助取票机的一个男孩拍了拍她的肩膀，示意她到自己这里来排队。女孩的眼睛一下就亮了起来，赶紧向男孩道谢。看到女孩站在队伍中后，男孩转身朝队伍的最后走去，重新排起了队。女孩惊讶地看着这一幕，她有些内疚，因为自己的插队而让男孩重新排起了队，同时，她又不得不感叹男生从骨子里透出来的好教养，让人心生暖意。

　　其实，好的教养就是一幅幅美好的画面，这些美好可以由自己创造。良好的道德和教养会让你渐渐地改变自己，也改变身边的人。

第二节　真正的教养与贫富无关

有位作家说过："所谓的教养和贫富无关，和文化无关。"我们的生活本就是由一个个琐碎繁杂的小细节组合而成的，每个人的形象就是通过这些小细节展示出来的，这些不经意间流露出来的品质和教养，与一个人的出身和背景都无关。虽然你并不富有，只是一个普通人，但你的不卑不亢、温暖从容都会让人们感受到你身上散发出的教养，这才是一个人最高级别的魅力。

女主人聘用了一位年轻的女大学生做小时工。这名女大学生因为家境贫寒，所以想趁着暑假期间打工赚一些钱。她开朗爱笑，手脚勤快，做事条理分明，面面俱到，很受女主人的喜欢。

　　有一天，女主人要去参加一场重要的聚会，需要用钻石项链搭配礼服。可是无论她怎么找，就是找不到那串项链。女主人想到昨天只有女大学生来过她的卧室，于是把她叫了过来，询问她是否看到自己的钻石项链。

　　尽管女主人说得很委婉，但是女大学生还是听出了言外之意，她的回答不卑不亢："我虽然没有什么钱，但是我可以靠自己的双手吃饭，这种偷鸡摸狗的事情我是不会做的。"虽然女大学生否认了，但是女主人还是半信半疑，决定继续观察她。

　　女大学生的自尊心很强，即便是被怀疑了，也没有消极怠工。相反，她利用休息时间帮女主人寻找那串钻石项链。没过几天，她在衣柜的角落里发现了那串钻石项链并交给了女主人。女主人很愧疚，但是女大学生却笑了笑，一如既往地认真干活。

> 我虽然不富裕，但偷鸡摸狗的事我是不会做的。

> 我只是问问而已……

　　其实，看一个人是否有教养，只需要看看他是如何待人做事的。如同这位女大学生，虽然她家境贫寒，但是她并没有怨天尤人，而是勤勤恳恳，依靠自己的能力去摆脱贫穷的状态。即使在被别人冤枉、误会的时候，也没有埋怨别人，反而从更积极的角度去解决问题。

　　一个人是否有教养和家境的贫富没有任何关系，而是跟他的心胸有关，跟他是否能理解和体谅他人有关。有教养的人，即便没有很多财富，也会是谦和大度的。社会上有些看起来衣着光鲜的绅士和淑女，背后却是另外一副模样：插队、抢道、辱骂他人甚至破坏公共物品……这些人在人前展示财富，人后却对自己的不当行为毫不约束。还有一些家境贫寒的人，把"穷"当作借口，理所应当地占小便宜，好像谁都欠了他似的。这些人的行为，完全把他们丑陋的一面暴露了出来，这就是没教养的表现。

　　大学女生寝室里有个女孩儿叫小丽，她的家庭条件很不好，上了大学后一直和同学抱怨吃饭贵，各类消费也很高。刚开始的时候，同寝室的几个女孩儿都很同情她，觉得她从农村考出来非常不容易，大家都是能帮就帮。可是渐渐地，大家对她的同情就变成了一种厌恶。

　　为什么会这样呢？原来，刚开始小丽对大家的各种帮助觉得不好意思，可是时间久了，就慢慢习以为常了，甚至开始想方设法地占小便宜了。

我这个月的生活费用完了，能先借我点儿钱吗？

又借钱啊？上个月的还没还呢？

中午，寝室的人一起订饭，按道理是要平摊送餐费的，可是小丽却以"穷"为借口，从来不出；别人要出去买东西，她即便不缺什么，也要别人帮她带点儿东西，关键是还不给钱；生活用品用完了，她也不跟别人打招呼，就直接用别人的；甚至还有一次，她要买一件东西，可是没有达到免快递费用的标准，于是她强迫别人也买一件，只是为了帮她凑足免快递费的金额……

就这样，大家越来越厌烦她。可是尽管这样，小丽却丝毫没有意识到自己的行为有什么不妥，反而还到处说别人小气，不够朋友。

我就出去旅个游，还要帮你买这么多东西？

别那么小气呀，不就是帮个小忙吗？

贫穷是一种暂时的状态，可以通过自己不懈的努力去摆脱贫穷。自私自利且不尊重他人却是没教养的表现，一旦养成习惯，将很难改变。

第三节 守住规矩，才能守住人生

俗话说："不以规矩，不成方圆。"规矩是人类生存和活动的基础。四季变换、物种更迭这些都遵循着自然法则，我们需要遵守，因为这是对自然规矩的敬畏。行为习惯、生活方式、社会习俗等都在指导我们如何去做人做事，这些是我们生存在这个社会的基本规矩；法律法规、组织纪律等这些规章制度也是规矩，是我们不可触碰的红线。因此，不管在任何场合，做任何事情，我们都必须要守规矩。只有懂得规矩，守住规矩，才能守住人生。

周末，雯雯去参加了一场亲戚举办的婚宴。本来是挺喜庆的氛围，但是雯雯却一点儿都不开心。

因为婚礼仪式晚了一会儿，所以宴席也推后了半个小时，此刻大家都有点儿饿了。这时上菜了，最先上来的是一盘油炸的大虾。大家

孩子正在长身体，多吃点儿。

我儿子最喜欢吃虾了。

刚想动筷子，没想到一位妈妈快速把大虾转到了自己面前，端起盘子往旁边儿子的盘子里夹，边夹边对儿子说："你不是饿了吗？赶紧吃，多吃点。"大家准备夹菜的手顿时停在了半空中，气氛出现了短暂的尴尬。看到盘子里只剩下寥寥无几的几只虾，大家只能放下筷子说："孩子饿了就赶紧吃吧。"这位妈妈不觉得有什么不妥，反而笑着说："我儿子最喜欢吃虾了。"

又过了一会儿，上来了很多热菜，大家忘记了刚才的不快，开心地吃了起来。可是还没等大家吃完，旁边又有一位大妈站起来，拿出几个塑料袋，一边把菜往里面倒，一边说："大家都吃完了吧？这些菜放着也浪费了，我带回去给我家小狗吃。"顿时，所有人都放下了筷子，谁都没有了吃饭的心情。

这人也太没素质了，大家都还没吃完呢。

我把剩菜带回去给小狗吃。

在饭桌上，如果没有规矩，说了不该说的话，做了不该做的事，轻则会被人鄙视，重则会被说是没教养，也有可能会因此而失去自己的朋友、工作和人脉，造成无法挽回的后果。中国人本就注重礼仪规矩，特别是在餐桌上。在工作和生活中，我们免不了要参加应酬，如果你表现得体，就会表现出良好的教养，让别人喜欢你，愿意和你接触，从而得到更多的机会。

对于我们每一个人来说，规矩其实更像是一堵看不到的围墙，将你我都紧密地圈在了一起。如果每个人都能遵守规矩，守住规矩，那么整个社会就能维持稳定与和谐。否则，就算是一丁点儿违规行为，都会带来"蝴蝶效应"，从而引发一系列的问题，给所有人都带来不必要的困扰。

在一个偏僻的小村庄里，人们按照往日的习惯和规则，过着安定、快乐的生活。突然有一天，一个年轻人打破了这份平静。原来，村子里有每晚九点准时关灯睡觉的规定，可是这个年轻人却突然推迟到了十点钟才关灯。这看似是一件非常细微的小事，但是它却打破了村庄约定俗成的规矩，从而引发了一系列严重的问题。

最开始，只有年轻人一个人推迟关灯的时间，很快其他人也知道了这件事，于是大家纷纷推迟关灯时间。他们觉得既然有人不守规矩，

那就说明规矩没有什么用。就这样，村庄的用电量逐渐增多，电费的支出也与日俱增，这对于本就不富裕的村庄犹如雪上加霜，经济负担变得更重了。此外，还产生了更严重的后果。因为灯光开启的时间延长，对周边的野生动物也造成了影响，它们减少了生活在黑暗中的时间，又影响了生态环境。

　　除了这些，村庄里的人际关系也因为这个不守规矩的行为变得紧张了，大家互相指责、争吵。随即，这个村庄也逐渐失去了往日的平静。

> 请大家遵守规矩，九点准时关灯。

> 凭什么只有我们关灯？

> 是啊，大家都关灯了，我们再关。

　　从这个例子中，我们不难看出，守住规矩，不仅仅是一种行为，一种品质，更是一种教养。品质和教养不但可以激发自己的责任心和积极性，还能让自己展示出良好的形象，从自身开始影响身边的人，进而营造出一个和谐的社会氛围。

第四节　心存敬畏，心有所止

　　孔子曾说："君子有三畏：畏天命、畏大人、畏圣人之言。"这句话就是在告诉我们，做人要有所敬畏。敬畏天道、敬畏人道、敬畏父母、敬畏圣贤之人。可是如今，随着人类文明的进步，很多年轻人对什么都满不在乎，敬畏之心也在渐渐消失，缺少信仰，随心所欲，没有道德底线。这是非常危险的。正如一位名人所说"一个什么都不在乎的人，也不可能会在乎自己"。其实，敬畏的背后是谦卑之心。有了谦卑之心，才能把握自己，进退有序，心有所止。

　　民国初期，有位大人物要过六十岁大寿，很多人都前来贺寿，并送上很多的奇珍异宝。一家古玩店的掌柜也精心准备了一份大礼：一对乾隆官窑黄地青花九龙瓶。

这是送您的生辰礼物，祝您福如东海，寿比南山。

好好好！这礼物真是太合我心意了。

大人物非常喜欢掌柜双手奉上的大礼，他抚着这对乾隆官窑黄地青花九龙瓶，一副爱不释手的样子。

有个同行觉得很奇怪，因为据他所知，这件古董如今正在故宫的武英殿中，如今又为何会出现在这里呢？

于是，这个同行私下里找到了古玩店掌柜，提出了自己的疑问。古玩店的掌柜听后，对他说："这本来就是一件仿品。"

原来，在大人物生日之前，古玩店的掌柜就派人到故宫去临摹了这对九龙瓶的模样，然后悄悄地在自家窑里烧制而成。这件仿品不论大小、胎质、颜色看起来和真品一模一样，很难分辨出来，只不过款名的字缩小了一些。古玩店老板也曾好奇地问烧制瓶子的人，为什么要这样做，烧制的人只说了一句话："这原本就是仿品，所以要做点儿假，留出这点儿破绽，是为了表示我的敬畏之心。"

> 为什么款名这里要缩小一些呢？

> 留下破绽，以示敬畏。

敬畏是一个人思想中最基础的要素，是一种优秀的品质，更是一种教养。人的心中一旦有了敬畏的事情，就有了方向、行为和准则，才会更坚定自己的信仰，从而约束自己的行为，知道什么是善恶，什么是大是大非；什么事可为，什么事不可为……

所谓敬畏，并不是畏缩、惧怕。不是把自己放在弱者的地位上，来仰视强者，而是有自己的信念，有内心的良知和道德的标尺，并愿意以此来规范自己的行为。正是因为有了敬畏之心，我们才会对自己不断提出更高的要求，才会不断地把坏念头从我们脑海中抹去。

心存敬畏，是真正认识到自己的渺小和不足，愿意把自己放在较低的位置，用积极的心态去完善自己，多加学习，接纳周围一切美好的事物。

公元 314 年，前赵的大将军石勒攻占了幽州的蓟县，他除了杀掉心怀称帝之梦的王浚，还将一万多投降的士兵全部处决。这消息让许多人惊恐不安，王浚的手下纷纷跑到石勒那里认罪求饶，送的金银财宝堆积如山。但在这混乱之中，尚书裴宪却显得格外冷静，没有参与其中。

石勒听说后，立刻把裴宪叫来质问："王浚在幽州胡作非为，我替天行道杀了他，大家都来谢罪求宽恕，唯独你不来，这是为什么？你还和王浚一伙，难道不怕死吗？"

请饶恕我们。

　　裴宪从容不迫地回答："我家世代受晋朝恩泽，王浚虽有过错，但他仍是晋朝的官员。我怎能背叛？如果明公要用严刑峻法治理幽州，那我甘愿受死，无需逃避。"说完，他连礼都不拜，就大步离开。

　　石勒见状，连忙挽留裴宪，并亲自向他道歉，以贵宾之礼相待。

　　之后，石勒查抄了王浚及其同党的家产，发现他们个个富得流油，唯独裴宪家中只有书百卷和一些生活必需品。石勒感叹道："裴宪果然名不虚传，这次我最大的收获不是幽州，而是得到了裴宪这样的清廉忠臣啊！"

从裴宪家只抄出了书和生活必需品。

裴宪果然名不虚传。

　　即使是以狠辣著称的石勒，在裴宪面前也展现出深深的敬意，每次相见都会起身行礼，表现出极大的尊重。正是这份对正直与忠诚的敬畏，最终助力石勒登上了后赵的开国皇帝之位，建立起当时北方最为强盛的国家。

第五节　做好自己本分的事

庄子曾说："虽天地之大，万物之多，而惟吾蜩翼之知。"这句话旨在告诉我们，不管做什么事情，都要把它看作和自己的生命一样重要，无论受到外界多少的诱惑和阻力，都不能用所做的事情与其交换，如果你能做到这点，你不成功都很难。随着社会的发展，我们总会面临很多的选择，也常常会在人生道路上迷茫，自己空有伟大的理想和抱负，但结果却一事无成。其实，这就是忽视了当下自己该做的事情，想得太多，做得太少了。一个人的能力有大有小，用心做好自己本分的事，才能无愧于人，更无愧于己。

有个勤劳的卖鱼人，每天起早贪黑地捕鱼卖鱼维持生计。某天，正当他卖鱼时，一只老鹰突然俯冲下来，叼走了一条鱼就飞走了。卖鱼人只能无奈叹气，心里暗想："要是我能飞，非得逮住那只老鹰不可！"

我要是能飞就好了。

从那天起，每次路过村里的菩萨庙时，他总会进去诚心祈祷，希望能变成一只会飞的老鹰。

不久，一群爱搞恶作剧的年轻人注意到了他，决定捉弄他一下。第二天，他们中的一个悄悄躲在菩萨像后。当卖鱼人再次虔诚祈祷时，那个年轻人假装菩萨的声音说："卖鱼人，你如此诚心，我就成全你一回。你去找村里最高的树，爬上去试试。"卖鱼人信以为真，满心欢喜地跑去那棵树，开始费力地往上爬。

这时，那群年轻人也来到树下，其中一个故意大喊："快看，树上有一只大老鹰，快飞走了！"卖鱼人一听，以为自己真的变成了老鹰，兴奋得忘了害怕，张开双臂，学着老鹰的样子从树上跳了下来。幸好，这群年轻人只是恶作剧，事先在树下铺了软软的树枝、草和泥土，所以卖鱼人只是受了点轻伤，没有大碍。

快看，树上有一只大老鹰，快飞走了。

卖鱼的小伙子忘了自己的本分，不自知地、冲动地想要模仿老鹰飞翔，结果非但没成功，反而闹了笑话还受了伤。这个故事虽然听起来有点夸张，但它深刻告诉我们：如果忘记了自己的本分，强行去做那些自己根本做不到的事情，是非常不明智且危险的。因此，我们应该经常检查自己的想法和行为，确保它们没有偏离自己的本分和实际情况，这样才能真正脚踏实地，发挥出自己最大的潜能。

你是不是也曾有过这样的体验：遇到困难的时候，总会说我不行，让有能力的人去做吧；工作完不成的时候，就会说今天完不成还有明天呢。你甚至总是幻想着自己能够像伟人一样成功，却完全忽视了他们在成功背后付出的努力和艰辛……这些都是我们没有做好应该做的事情。所谓做好自己本分的事，就是告诉我们要认清自己的能力，知道自己每天都在做什么事情，脚踏实地地朝着目标一步步前进。只有这样，我们才能不浪费光阴，快速成长。

有一个老木工，勤勤恳恳地工作了很多年，眼看就到了退休的年纪。他找到老板，对老板说："在您这里工作了这么长时间，我们一直以来相处得都很好，您给我的待遇也非常好，我很感激您。但是我现在年纪大了，想要回去养老了。"

老板很舍不得他，再三挽留，但是老木工去意已决。老板想了想后，对他说："既然你已经决定了，那么我希望你在离开之前能再帮我盖一间房屋好吗？"老木工有点儿不愿意，但又不好意思拒绝，于是点头答应了。

我可干不动了，得去找老板辞工。

　　虽然老木工同意了老板的请求，但他心里却很不舒服。觉得老板是在压榨自己的剩余价值，于是盖房子也不如以往尽心，做工粗糙，敷衍了事。很快，房子就完工了。

　　房子建成时，老板来了，他把房子的钥匙递给老木工，对他说："这房子是我送给你的退休礼物，希望你能收下。"没想到这是老板送给自己的礼物，老木工接过那把钥匙，一句话也说不出来了。

这栋新房子就是我送你的退休礼物。

唉，还是我格局小了，真是太惭愧了。

　　未来会发生什么，我们谁都无法预测。所以，我们做任何事情都要竭尽全力，有始有终，这样才不会给自己留下遗憾。

第六节　素质是一个人内在的教养

　　素质，是一个人内在的教养，是一个人思想、道德，为人处世的方式和水准，是一个人经过长久的锻炼和培养所达到的内在水平。我们身处在社会中，面对任何人、任何事，那些懂得尊重别人且善于自我约束的人必然会得到别人的认可；那些懂礼貌且有素质的人也会更容易获得别人的好感。俗话说"相由心生"，只要你的内心素养在那里，无论你穿什么样的衣服，都能给人一种和善和有教养的感觉。相反，如果你没有素质，即便你穿上了龙袍，也不会成为太子。

　　大学毕业五年以后，大东参加了同学聚会。聚会上，大东发现曾经班里不学无术、调皮捣蛋的强子如今已经混得风生水起，他毕业后就娶了一个家里有钱的女孩儿当老婆，之后靠着老丈人的关系，做起了生意，才短短几年就积累了好多财富，这让人忍不住对他刮目相看。

大东，好久不见了，我们互相留个电话，经常联系哦。

好的，经常联系。

大东是个有点儿"社恐"的人，毕业之后就很少和同学们联络。这次在同学聚会上，基于同学情谊，他和强子互留了电话，但只是保存在了通讯录中，并没有去联系。

可是，自从强子有了大东的电话号码之后，就隔三岔五地打电话给他。刚开始的时候，大东还觉得有些荣幸，毕竟强子在这个城市里是个有头有脸的人，竟然还能记得自己这位老同学。

可是后来，大东发现强子三天两头打电话，有时候是要一起吃饭，有时候又会开车到大东公司楼下见面。更有甚者，深夜的时候，大东都睡着了，还能接到强子无聊的电话。

大东烦不胜烦，终于忍不住把强子的电话拉进了黑名单。

其实，素质就是一面镜子，可以反映出一个人的人格。有些人即便普通，也会有高尚的情操，他们懂得尊重别人，必然也会得到别人的尊重；有些人虽然物质上非常富有，但是他不懂得尊重别人，那么他就缺少了应有的素质，自然也不配得到别人的尊重。

一个人的素质和修养都源自我们本身，从我们出生的那一刻开始，我们就在听从父母的指导，逐渐养成良好的习惯，并在生活和学习中体会到：只有高尚的品德才能让自身的素质和修养得到提高。在这个过程中，我们要努力做到"仁、善、静、修"，就是指做人要仁义，多为他人着想；为人处世要心存善念；要学会静以修身，俭以养德。与此同时，还要不断地改进自己的品行和待人待物的方法。

前不久，孙晶一家和朋友一家约好了一起聚餐。朋友家有个刚刚十岁的儿子，这个孩子给孙晶留下了深刻的印象。

那天，他们一起来到了一家网红餐厅。聚餐的地点是在二楼，需要经过一个很窄的楼梯才能到达。于是，大家自觉地排起了队准备上楼。这时候，孙晶发现朋友的儿子站在楼梯口一动不动，她好奇地问小男孩怎么不上去，他笑了笑，像个小大人似的说："女士优先呀。"孙晶还是第一次被一个小孩子照顾，这感觉真的不错。

之后在餐桌上，孙晶发现这个孩子不仅很有礼貌，而且很有素

你怎么不上去呀？

女士优先呀。

质。他夹菜的时候，从来不会站起来夹远处的菜，而是安静地等着菜转到自己的面前；听大家聊天的时候，他也非常安静，不会吵闹或者插话；当他吃饱了饭以后，会主动和大家说："我吃好了，大家慢慢吃。"

整个聚餐过程，这个孩子都让孙晶觉得非常舒服，从他的身上，孙晶看到了礼貌和教养。

这孩子真有教养。

所谓教养，或许就是指相处起来让人感到非常舒服吧。我们常说对一个人的欣赏是"始于颜值，陷于才华，忠于人品。"的确就是这样，与人相处的时候，拥有良好的素质修养，才能展示出你的人格魅力。

第七节　你的教养要配得上你的才华

司马光在《资治通鉴》中这样写："才德全尽谓之圣人。"这句话是说有德有才的人才能称之为圣人，也是在告诉我们，一个人只有才华是不够的，你的德行、教养要配得上你的才华。这个世界非常公平，它不会辜负任何一个既有才华又有教养的人。如果你过得并不如意，那只能说明你的能力只配让你过上这样的生活；如果你既有才华又足够努力，但是还没有过上自己想要的生活，那就要反思一下自己的教养是否配得上自己的才华了。

阿明是个刚刚毕业的大学生，这天他接到一家大企业的面试通知，于是他拿着自己的简历来到了面试地点。

到了之后，阿明才发现，来面试的人有很多，每个人的穿戴都精

面试

我刚刚博士研究生毕业。

我的学历是硕士研究生。

致干练，都是职场精英的模样。阿明和旁边的人聊了聊天，发现他们的学历都很高，有的是硕士，有的是博士，阿明看看自己简历上的"大学本科"四个字，顿时觉得心凉了一大截。

阿明本想一走了之，但是他又回头一想，即便是应聘失败又能怎样呢？反正自己也来了，还不如试试，积累点儿经验也好呢。

很快，就到了阿明，他走进了面试官所在的办公室。一进门就发现地上有一张团起来的废纸，阿明没有多想，就顺手捡起来，扔进了旁边的垃圾桶，然后才走到了面试官的办公桌前。

没想到就是这样一个小小的举动，就获得了面试官的青睐。就这样，他打败了很多比他优秀的求职者，意外地获得了工作的机会。

我看到了你良好的教养，你被录取了。

真的吗？太好了！

真正有教养的人，对待任何事情都会全力以赴，对待任何人都不会随意搪塞，这份教养是从内向外散发出来的。真正的教养，不仅仅是尊重他人，更是通过一个个细节，让人们真正地看到你丰富的内心。

一个人无论多么博学，拥有多么出色的才华和能力，但是只要他的学问和生活之间还存在一定的距离，那么他依然称不上是有教养的人。这就像是一个破了个洞的气球，无论你多么用力地往里面吹气，但气体还是会从小孔中漏到外面，最终将会是白费心血，徒劳无功。教养并不是天生的，它是在我们成长和学习的过程中，逐渐养成的良好习惯和品德，没有教养的才华是空洞且不持久的。

公司里来了个新员工。新员工是从名牌大学毕业的，觉得自己有优越感，看不起学历低的老员工，总说要用新的方式来工作，不愿意遵循老员工以往的做事方法。

新员工创新的做法本也没什么错，但是他心高气傲，工作上完全不理会老员工的好心提醒，结果一再出现问题，导致工作进度落后。一开始，老员工总是帮新员工解决问题，可是次数多了，老员工也开始产生了不满情绪，最终双方产生积怨，互不搭理了。

为了不影响项目的整体进度，领导把他们分成两班完成工作，每

你这个做事方法太老套了！

你才刚来，什么都不懂呢。

天分别领取自己工作所需的耗材。

新员工工作的时候，由于业务不熟练，很快就把自己的耗材用光了，于是他就把主意打到了老员工身上，说都没说一声就直接用了老员工的耗材，导致老员工工作的时候没有耗材，进度停滞。

老员工非常生气，指责新员工违反公司规章制度；新员工觉得这点儿小事没必要上纲上线。领导知道后，二话不说就把新员工开除了，他只说了一句话："我们公司不需要没有教养的人。"

我们公司不需要没有教养的人。

例子中的新员工可谓是"成也才华，败也才华"，才华让他们失去了教养，最终成了他们前进的阻碍。教育学家陶行知先生说过："千学万学，学做真人。"这里所说的"真人"，就是真诚、真心、真实的人。要想成为一个"真人"，就需要我们在成长过程中，不仅仅只关注知识教育，还要注重教养的提升。

第八节　保持你的正义感

有教养的人，生活中无论对谁都是礼貌谦逊，温和友善的。教养体现在很多方面，有言谈举止，礼节礼貌、乐善好施、知恩图报、待人接物等方面，但是除了这些还不够。教养还要求我们有一双洞察人心的眼睛，有明辨是非的能力，有主持正义的信念，有不惧黑暗的意志，更有战胜邪恶的力量和坚持到底的勇气。

清朝时期，西方殖民者开始不断地把能让人精神萎靡、吸食成瘾的鸦片贩入我国，谋取暴利的同时还不断地损害着中国人的身体健康。当时清朝政府软弱无能、国防势力薄弱、国家经济受损。面对如此严峻的局面，清政府认识到了鸦片的危害性，于是任命当时是湖广总督的林则徐为钦差大臣，去广州禁烟，希望借此把鸦片赶出中国。

我任命你为钦差大臣，去查禁鸦片。

臣定不辱使命。

　　林则徐临危受命，决定当众销毁鸦片，给西方殖民者以震慑。于是在1839年的一天，在虎门处将收缴的鸦片当众销毁，这之前他派人张贴布告，敲锣打鼓，点燃鞭炮，引得成群结队的百姓和外国商人前往虎门滩观看。当天林则徐挖了两个巨大的硝烟池，撒入了鸦片和石灰，很快，鸦片就开始在石灰里翻滚，巨大的烟雾覆盖了整个虎门滩。

　　这天开始，接连23天，林则徐共销毁了两万多箱鸦片，这一壮举，不仅仅壮大了中国人的志气，维护了中华民族的尊严和利益，更是灭掉了西方殖民者的威风。

林大人真是个有正义感的人啊！

林大人敢于当众销烟，真乃民族英雄。

　　我们总能看到：很多人都能发现问题，但同时他们也只会抱怨现状，得过且过，真正能敢于做出改变，坚持正义的人却很少。仔细想想，当你我遇到问题的时候，是不是也只会抱怨现状，而忽略了该如何思考和解决问题呢？

我们总是习惯性地认为，有教养的人在谈吐、行为、举止等方面都保持着体面，但是实际上，用这样的方式来给教养贴上"标签"就显得太过狭隘了。真正良好的教养不仅仅从这几个方面反映出来，更主要的是反映在了人的内在品德上，而正义感就是一种良好的品德。

有正义感的人，喜欢见义勇为，敢于说出不公平的事；有正义感的人，不允许自己或周围的人受到不公正的待遇；有正义感的人，他们还总是伸出双手，积极帮助有困难的人。有正义感的人，是阳光、正直的人，他们积极向上，目标明确，期望美好的未来。

公交车停靠在站台的时候，上来了一位瘦瘦小小的年轻人。当年轻人指着纸条，"咿咿呀呀"地问司机乘车路线的时候，人们才发现这位年轻人并不会说话。

车上人很多，年轻人上车后就自觉地站到了车厢后面，安静地等着车辆到站。就在这时，年轻人发现前面有一个人有点儿不对劲，只见他装作若无其事的样子，一只手扶着扶手，另一只手在翻旁边乘客的背包。很快，他就把乘客的手机偷了出来，放到自己衣兜里后准备

下车。

　　年轻人"咿咿呀呀"地指着小偷叫了起来，可是公交车里的人都没有注意到他，所以没人理会。眼看就要到站了，小偷也站在了门边准备溜走。年轻人急得满头冒汗，随后"嗖"地一下就冲了过去，一把抱住了小偷，防止他逃跑。小偷气急败坏之下，对年轻人拳打脚踢，可是年轻人却死死地抱住他，不管对方怎么踢打都不松手。

　　终于，年轻人的行为引起了大家的注意，被偷的乘客也发现了自己的手机被偷了，大家纷纷围了过来，和年轻人一起制服了小偷。

　　例子中的年轻人凭借自己的正义感，勇敢地抓住了小偷，同时也温暖了大家的心。所谓正义感，其实就是教养的核心，有教养的人都有一颗善良而勇敢的心，不论世事如何变迁，他们始终知道什么是正义，并坚持做正义的事。

第九节　要有正视挫折的勇气

　　人的一生很长，总会遇到一些挫折。在面对挫折的时候，人们都希望自己能化崎岖为坦途，从而获得成功。俗话说："失败是成功之母，苦难是人生财富"。这就是在告诉我们，遇到挫折的时候，我们要勇敢面对，吸取人生教训，积极转变观念，寻求解决问题的方法。这样一来，挫折就会像是我们的老朋友一样，锻炼我们把坏事变为好事，并一步步走向成功。如果你在面对挫折的时候，总是怨天尤人，自暴自弃，那么挫折将成为阻挡你成功的大山。

　　春秋时期，吴国仗着自己国力强大，打败了越国，越王勾践被抓。吴王夫差为了羞辱越王，就让他像奴仆一样养马、守陵。

你还想回到越国吗？

我是您的奴仆，您在哪我就在哪。

　　越王心有不甘，却也无可奈何。他只能韬光养晦，装作顺从的样子。吴王出门的时候，他就去给他牵马；吴王生病的时候，他也尽心照顾。日复一日，吴王终于打消了疑虑，觉得他对自己非常忠心，哪里还有半点儿复国的心思？于是就干脆释放了他，让他返回越国。

　　越王回国后，下定决心要洗刷自己在吴国当仆人的耻辱。他不仅加快农业发展，加强军队建设，而且还经常深入百姓之中视察民情，帮助百姓解决问题。同时，为了提醒自己不要忘记曾经的耻辱和仇恨，他要求自己每天都和在吴国时一样，睡在坚硬的木柴上，还要在门上挂一颗苦胆，每天吃饭前和睡觉前都会去品尝一下，用这种方式让自己记住曾经所受的苦难。

　　就这样坚持了几年之后，越国国力强盛，越王带兵攻打了吴国，并取得了胜利，吴王夫差也因为战败羞愧而死。

我要记住曾经的苦难，将来要一一讨回来。

　　人这一生总是会有顺境和逆境，成功和失败，幸福和不幸。面对挫折的时候，只要我们能积极面对，正视挫折，保持你的教养，那么你终将会战胜挫折，摆脱逆境。

其实，勇气的力量是巨大的，人也是有无限潜力的。当我们遇到挫折的时候，敢于去面对它、迎接它甚至去战胜它，那么我们的生活将会变得更加丰富多彩。未来的一切都是未知的，也许会有好的结果，也许会不尽人意，但是只要我们敢于拥有迎接未来的勇气，敢于直面挫折，敢于大胆尝试，就不会后悔。总之，你要相信自己，积极努力，敢于面对生活中的挫折，战胜生活中的困难。

一个年轻人毕业后，得到了一份世界五百强企业的工作。虽然工作很稳定，但是年轻人却不满足。在工作了几年之后，他毅然决然地选择了辞职创业。由于他并不善于公司运营，对各项流程也不熟悉，所以创业初期，员工工作效率比较低，大家觉得很焦虑。有一次，一位员工因为提交了五次报告都不符合要求，崩溃地大哭起来。年轻人看到后，并没有批评和指责，而是亲切地对员工说："别着急，我们一样一样来，肯定会越来越好的。"

我已经提交五次报告了，可还是不符合要求……

别着急，我们一样一样来，肯定会越来越好的。

同时，年轻人为了缓解大家的焦虑，不断地总结经验，制定计划，合理安排大家的工作。

在最艰难的那段时间里，尽管年轻人每天都忙得脚不着地，但是他的脸上没有出现一丝愁容，他对未来充满了信心，永远保持着积极乐观的态度，制定详尽的计划，逐步解决遇到的问题。终于，公司在他和员工们的努力下，慢慢步入了正轨。

这个问题解决了，还有别的问题吗？

人生就像坐过山车，有时冲入云霄，有时快速下落。冲入云霄的时候，我们要做好下降的准备；处在最低处的时候，我们要重拾信心，准备再次一飞冲天。教养就是这样，不仅仅是身处高位时的从容不迫，更是人生低谷时期的坦然面对。

"气质教养"养成法

1. 别人帮助自己的时候，要说"谢谢"。

2. 接过别人的东西时要用双手。

3. 坐姿要端正，不要抖腿，也不要翘起二郎腿。

4. 去别人家吃饭时要主动收拾餐具。

5. 酒桌上与人碰杯，一定要低于对方。

6. 最后一个进门时记得随手关门。

7. 与人打招呼时要加上称呼。

8. 看到地上的垃圾要随手捡起来扔进垃圾桶。

9. 起身离开时，要把座椅放回原位。

10. 和别人对话的时候要微笑，直视对方眼睛。

11. 停车入位时，要车头朝前，左右两侧须留出开门的空间。

12. 去别人家时，不要坐在别人的床上。

13. 面对长辈的询问，要收起手机，礼貌回话。

14. 下雨天开车，遇到行人一定要减速慢行。

15. 咳嗽的时候要捂住嘴巴和鼻子。

16. 吃饭的时候不发出声音，如果别人发出声音，不要盯着别人看。

17. 公共场合不要大声喧哗。

18. 获得成绩时，要谦虚谨慎，不能盛气凌人。

19. 不乱动别人东西，尊重别人隐私。

20. 不嘲笑别人的缺点。

第二章
温暖坚定的情绪教养

　　在生活中，我们总会面对各种各样的人和事，特别是遇到让我们不开心的事时，我们就会难以控制住自己的情绪，甚至有可能做出一些对自己不利的选择，让事情变得更糟。要想改变这种状况，就要真正认识到稳定情绪的重要性。情绪的稳定，是一个人必备的教养。一个能控制情绪的人，专注冷静，宠辱不惊，克制内敛，积极向上。这不仅仅是做成一件事情的关键，更能体现出一个人良好的教养。

第一节　管理好自己的情绪

荀子说："怒不过夺，喜不过予。"意思是说，不能因为自己生气就过分地处罚别人；也不能因为自己高兴就给别人特别的奖励。这就是在告诉我们管理好情绪的重要性。我们每个人都有情绪，有积极向上的情绪，自然也有消极负面的情绪。人生从来不会一帆风顺，谁都有遇到低谷的时候。如果身处低谷时期，就随意发泄情绪，那么你将永远无法前进；相反，如果你能控制住自己的情绪，做情绪的主人，试着去调节自己，那么你终将会迎来美好的明天。

从前，有一位僧人到山下化缘。当他走到一个小村庄的时候，觉得有点儿口渴，于是就向旁边的村民讨一杯水喝。可是没想到这些村民看到他是个僧人，就出言讽刺讥笑，甚至还说出一些特别难听的话想要激怒僧人。

哟，来了一个光头的和尚。

讨什么水，没有。

　　大家都觉得僧人会因此而生气。可他们没想到的是，僧人的脸色毫无变化，只是静静地站在他们的身边，耐心地听了好大一会儿，然后平静地说："谢谢各位施主，如果施主们没有别的事情，那我就先行离开，到下一个地方去了。"

　　听完僧人的话，大家都惊呆了。没想到僧人在听了这么难听的话之后还能表现得如此淡定，都觉得特别奇怪。于是，一个村民就问他："我们都在笑话你，你难道是耳朵聋了没听见？"

　　僧人听后，淡淡地笑了笑说："我当然听到了，你们说难听的话是你们的事，我既不会被你们的话控制，也不会被你们的坏情绪影响，那我又何必因此而生气呢？

我当然听到了，你们说难听的话是你们的事，我既不会被你们的话控制，也不会被你们的坏情绪影响，那我又何必因此而生气呢？

我们都在笑话你，你难道是耳朵聋了没听见？

　　僧人在面对村民对自己的嘲笑时，既没有生气，也没有计较，这就体现出了他很好的管理情绪的能力。这不仅仅展示出僧人良好的修养，同时也让这些嘲笑他的村民无地自容。

　　情绪对每个人的影响都是非常大的，积极的情绪能帮助你快速走出不利的现状，事半功倍地完成自己要做的事情；消极的情绪却很容易让你钻入牛角尖，势必会影响你的前途。平日里，我们要学会及时发现自己的情绪变化，努力摆脱负面情绪对我们的影响，做到"时刻告诫自己保持平和的心态，不苛责自己，守住初心，努力向前看。"只有这样，你才能走得更稳、更远。

　　周末，小莉约了朋友小静一起聚餐。她们正吃得开心的时候，小莉接到了一个电话，顿时脸色变得很难看。

　　挂了电话后，小莉说是她老板的电话，让她赶紧先处理一些工作。小莉很着急，眼泪也在眼眶里打转，即便如此，她还是非常镇定地和别人进行沟通。

　　事情终于处理完了，菜也凉了。小莉深吸了一口气，随后忍不住哭了起来。她这时才告诉小静，她自己犯了一个非常严重的错误，很怕自己会被开除。小静赶忙劝了她几句，随后匆匆结束了这次聚餐。

唉，我犯了一个严重的错误，可能要被开除了。

怎么了？

第二天，小莉给小静打电话，语气轻快。她告诉小静，早上被老板叫去谈话，原本以为会被开除，没想到老板却对她说："这次虽然有很大的疏漏，但好在你及时处理了问题，所以这次就功过相抵了。"小莉非常感慨地告诉小静："如果自己当时没有控制好情绪，没有积极地去解决问题，那么今天肯定就是个悲惨的结局了。"

幸亏你这次及时处理了问题，否则我也保不了你。

谢谢老板，我不会再犯同样的错误了。

当你心平气和时，拥有良好的情绪，这是一个人很正常的表现，当你心浮气躁时，仍然能够控制并管理自己的情绪，注意自己的行为和言辞，这才是一个人真正教养的体现。

第二节　做情绪的主人，不要窝里横

你是否有过这样的感受：在外面你总是文质彬彬、谦逊有礼，可是一回到家，就不可避免地和自己的亲人发生矛盾，甚至冲着家人大吼大叫地发火。为什么会这样呢？原因其实很多，可能是亲人的误解；也可能是亲人常常因为某事对自己失望，这样就很容易让我们产生压力和焦虑。同时，我们知道亲人会保护我们，无论做什么事都不会与我们计较，所以才会任性妄为，无所顾忌。其实，窝里横这一现象是非常不好的。俗话说："忍得一时气，以免百日忧"，既然是自己的亲人，控制一下情绪，让一步又有何妨呢？

有一个小男孩脾气很坏，总是对自己的家人大发脾气。有一天，爸爸带他来到院子的木栅栏旁，对他说："如果你忍不住想要对我们发

如果你忍不住想要对我们发脾气的时候，你就用铁锤在这个木栅栏上钉一颗钉子。

好的。

脾气的时候，你就用铁锤在这个木栅栏上钉一颗钉子。"小男孩点了点头。

　　第一天过去了，木栅栏上被小男孩钉了二十多颗钉子。

　　爸爸对小男孩说："每天发二十多次火，可不是一件好事情，你可以试着控制一下自己的情绪。"

　　小男孩同意了，后面几天他都在试着控制自己的情绪，每天往栅栏上钉的钉子也越来越少了。

　　看到小男孩的变化，爸爸又对他说："如果你能坚持一天都不生气的话，就可以从木栅栏里拔出一颗钉子。"

　　小男孩听了爸爸的话，开始更努力地控制情绪。没过多久，木栅栏上的钉子就被拔光了。这时候，爸爸苦口婆心地对小男孩说："当你对亲人发脾气的时候，你说出来的话就像这上面的一颗颗钉子印一样，给亲人的心里留下伤疤，而且永远都去不掉了。"

当你对亲人发脾气的时候，你说出来的话就像这上面的一颗颗钉子印一样，给亲人的心里留下伤疤，而且永远都去不掉了。

我以后再也不发脾气了。

　　人与人之间的关系，之所以会出现裂痕，往往都是从坏情绪开始的。与亲人也是如此，不要因为亲近，就去伤害他们。这世上，只有家人不求我们任何回报。学会做情绪的主人，好好对待自己的身边人。

在工作和生活中，我们会接触到各种各样的人，对别人友好是我们每个人必备的教养。我们对客户友好，是为了工作的需要；我们对同事友好，是为了营造良好的工作氛围；我们对邻居、朋友友好，是为了保持良好的人际关系。但最重要的是，我们不能忽略了对亲人的友好，越是面对亲人，越是要情绪稳定。用尊重、包容、耐心来对待自己的亲人，这才是一个人从骨子里散发出来的教养。

方方和朋友小丹一起逛街，就在她们刚买完东西，准备回家的时候，突然下起了雨。一直打不到车，无奈之下，方方和小丹只好在屋檐下避雨。

雨小了一些后，小丹拿出手机打起了电话："我和方方在路边避雨，你有时间吗？如果可以的话，麻烦你来接我们一下好吗？谢谢你了。"

方方很好奇小丹是在和谁打电话，听这电话内容，应该是她的丈夫。但是说话又这么客气，这就让人有些摸不着头脑了。

你有时间吗？如果可以的话，麻烦你来接我们一下好吗？谢谢你了。

她在和谁打电话，这么礼貌？

此刻，小丹仿佛看出了方方的疑虑，对方方说："你可别见怪啊，我们一家人说话都是这样的。我第一次去他家时，他爸妈就这么说话。当时我还以为他们关系不好才这样客气呢。"

"后来我妈告诉我，'看一个人是否有教养，不只是看他对外人的态度，更要看看他对自己亲人的态度。他的爸妈就是这样，他人肯定不会错。'就这样，我们俩就结婚了。"

两人开心地聊了一会儿，小丹的丈夫就来了。果然如小丹所说的那样，两口子相敬如宾，那场面别提多和谐了。

我们一家人说话都是这样的。

这么有礼貌的家庭，真让人羡慕。

随着年龄的增长，我们更应该学会管理好自己的情绪，懂得爱自己的亲人，不要总是对他们不耐烦。相反，我们要丰富自己的内心，做到心中有爱，并勇敢地去表达爱。

第三节　真正的共情是换位思考

孟子曾说："君子莫大乎与人为善。""与人为善"不仅是我们中华民族的传统美德，更是一种良好的教养。一个人在和别人相处的过程中，我们能看到他的眼界和教养。教养越好的人就越懂得换位思考，尊重别人不同的生活方式。每个人在这个世界上都是独特的存在，要想和别人好好相处，就一定要求同存异，不能遇事斤斤计较，要有宽阔的胸怀及容人的气度。如果只从自己的角度去看别人，把自己的想法强加给别人，那将会是一件非常可怕的事情。

宋朝时期，苏轼和王安石同朝为官，两人虽政见不合，却是惺惺相惜的朋友，经常在一起喝酒作诗、挥笔作画。

一天，苏轼来到王安石家里拜访，碰巧王安石上朝去了，不在家

这王安石是不是喝多了，写的诗句漏洞百出。

中，于是仆人就带苏轼进入屋内等候。苏轼发现屋里挂满了字画，便饶有兴味地观赏了起来。

突然，苏轼发现王安石书桌上刚刚作好的一首诗，只见上面写着："明月当空叫，黄犬落花心。"苏轼看后觉得有些好笑：天上的月亮又怎么会叫呢？黄犬不就是一只黄色的狗吗？怎么能落在小小的花心上呢？

"王安石肯定喝醉了，才会写出这样不合实际的诗句。"苏轼边想着，边顺手拿起旁边的毛笔，把诗句改了。

后来，因为政治原因，苏轼被贬至偏远地区。在流放到一处村庄的时候，他发现有一种鸟儿被人们称之为明月，一种昆虫被人们称之为黄犬。顿时，他想到了自己改过的那一首诗，苏轼羞愧极了。试想，如果当时他能站在别人的角度去思考，哪怕等王安石回来问个明白，也不会让自己陷入如此羞愧的境地。

这是什么鸟呢？叫声这么特别？

这种鸟名叫"明月"。

心理学上有一个词叫"共情"，其实，真正的共情就是换位思考。只有懂得站在别人的角度去思考，才能感受到对方心里的真正想法，明白他真正想要什么。这样一来，我们就能对别人有更多的理解和宽容，才能和别人建立更亲密的人际关系。

《论语》中记载："己所不欲，勿施于人。"意在告诉我们，如果你对待别人友善，别人也会对你友善；你对待别人宽容，别人也会对你宽容；你对待别人豁达，别人也会对你豁达。其实真正的聪明人，是懂得共情的。只有换位思考，站在别人的角度去设身处地地为别人着想，把别人的感受放在心上，这样才能赢得别人的尊重和信赖。一个人真正的教养不仅是从大是大非中表现出来的，更是在普普通通的小事中体现出来的。如果你在与人交往中懂得换位思考，理解帮助他人，尽量不给别人增添麻烦，那么你就是一个有教养的人。

有一天，一个盲人来到朋友家里吃饭。盲人和朋友边吃边聊，非常开心。不知不觉，他们就聊到了晚上。

盲人要回家了，于是告别了朋友，准备独自走回家去。就在这时，朋友叫住了他，对他说："请稍等一下，我给你拿个东西。"盲人停步等待，没过一会儿，朋友就拿来了一个灯笼，递到了盲人的手上，然

天太黑了，你拿着灯笼回家吧。

什么？！

后对他说："天太黑了，你拿着灯笼回家吧。"

盲人一听，顿时就觉得非常生气。明明知道我是个盲人，还给我拿灯笼，这安的是什么心？于是，他把灯笼递回给朋友说："不用了，我自己可以走。"可朋友却还是态度坚决地要把灯笼给盲人。盲人忍不住生气地说："我眼睛看不见，你又不是不知道，还给我灯笼，你是在嘲笑我吗？"此刻，主人才反应过来盲人是误会了，于是赶忙解释道："不是的，因为天太黑了，你又看不见，我怕路上行人会撞到你。你拿着灯笼照亮，这样别人看到你，就会绕着你走了。"

> 我眼睛看不见，你又不是不知道，还给我灯笼，你是在嘲笑我吗？

> 当然不是，我怕别人撞到你才那给你照亮的。

同样的一件事，从不同的角度来看，就会有不一样的理解和看法，尝试站在别人的角度去思考问题，你就会有更广阔的视角，做出的判断也会更全面、更理智。同时，因为你理解了他人的选择，也就多了一些释然和快乐，这是一份以心换心的善良，是一种高级的教养。

第四节 委屈时，学会自我消化

俗话说："小不忍则乱大谋"，意思是说，如果任由自己的情绪泛滥，对一点小委屈都忍不了，那很可能会坏了大事。在工作和生活中，委屈就像是家常便饭，时不时就会遇到。这时候，我们要学会自我调节，把委屈咽下去。因为，能不能承受委屈，不仅仅显示了你的礼貌和肚量，更是你做人做事态度和修养的体现。但遗憾的是，很多人碰到点批评就炸毛，要么大发雷霆，要么一蹶不振，情绪像过山车一样起伏不定，让人难以捉摸。试想，这样的人，谁敢轻易与他合作或交往呢？

小张大学毕业后，竟然是自己主动炒了四任老板，这听起来挺不可思议的，难道是他遇到的老板都有问题吗？其实并不是，真正的原因是小张的心理承受能力比较弱。

小张的这四份工作，全都是他妈妈利用自己积累的人脉帮他找的。第一份工作，妈妈按照小张的要求找了个轻松的，但工资不高，小张拿到薪水后觉得委屈，就辞职了。第二份工作，妈妈满足了小张

这是我炒第四个老板了。

对高薪的期望，但工作强度大，经常加班，小张还没等到发工资就受不了，又走了。第三份工作，妈妈更是费了大力气，把小张安排进了一家令人羡慕的基金公司，但那里的员工要么背景深厚，要么业务精湛，小张觉得压力大，受委屈，于是再次辞职。第四份工作更夸张，小张只干了三天就因为桌面摆放不整齐被主管批评了几句，他居然直接走人了。

就这样，小张毕业三年了，竟然没有在任何一家公司完整地工作过一年。

你的桌子太乱了。

你怎么这么多事！我不干了！

人生路上总是布满坎坷，很少有一帆风顺的时候。面对这些，我们能做的就是让自己变得更坚强，学会更好地应对压力，提高自己的"挫折商"，还要学会管理好自己的情绪，这样才能勇敢地去迎接更大的挑战。成功的关键，在于你能主动驾驭快乐和痛苦的情绪，而不是让它们牵着鼻子走。

"莫道昆明池水浅，关于胜过富春江。"这句话是在提醒我们，别小看昆明湖，它虽不深，但赏鱼之乐却胜过富春江，这告诉我们欣赏美景要有开阔的眼界。同样，有教养的人面对委屈，不是不会感到难过，而是他们更擅长将这些不愉快转化为成长的力量。他们不会因受委屈就口出恶言，也不会没完没了地抱怨，因为那样只会让自己越陷越深。相反，他们会选择将委屈作为激励，反思自我，努力提升，这样一来，不仅未来遇到的委屈会减少，他们也会因此变得更加强大。

韩信自幼失去双亲，生活艰辛，常以钓鱼为生，期间常受一位洗衣老妇的接济，却也饱受邻里冷眼与轻视。某日，一群无赖当众挑衅韩信，其中一名屠夫更是嚣张，他嘲笑韩信外表魁梧却胆小如鼠，挑衅道："你若真有胆量，就用你的剑来刺我；若不敢，就从我胯下爬过。"

你若真有胆量，就用你的剑来刺我；若不敢，就从我胯下爬过。

　　面对众目睽睽与实力悬殊，韩信选择了隐忍，他俯身从屠夫胯下穿过，这一举动史称"胯下之辱"。

　　这告诉我们，人应学会忍耐，正所谓"吃得苦中苦，方为人上人"。试想，若韩信当时冲动行事，未能忍受那份屈辱，或许早已命丧当场，更无缘成为后世传颂的军事奇才。正是这份难能可贵的忍耐与坚韧，铺就了他通往成功的道路。

　　学会控制情绪，就是要在怒火中烧时深呼吸，让心静下来；在悲伤欲泣时给自己一个拥抱，告诉自己会过去。情绪如潮水，来得快去得也快，关键在于我们是否愿意做那个掌舵的人，不让它肆意泛滥。保持冷静，用理智去分析问题，用平和去应对挑战。记住，笑一笑，没什么大不了，让情绪成为我们前进的助力，而非阻力。

第五节　摆脱"想得太多，做得太少"的焦虑心态

孔子在《论语》中写道："日月逝矣，岁不我与。"孔子用这句话来告诉我们时间的重要性，不要等到时间都过去了，才发现自己什么都没做。现在的快节奏生活，让人们普遍产生了拖延的想法：想学习，却忍不住要先玩会儿游戏；想减肥，却想着吃完这一顿再说……这其实是一种"想得太多，做得太少"所引起的焦虑状态。有人认为"想得太多"，是一种积极、努力的表现，是一件好事，但其实并不是，想得太多会让人产生更多的选择，从而无法专心地做好一件事情；"做得太少"则直接地暴露出了自己的缺点。

学校里有一位师姐非常擅长写诗，她写的诗经常会在广播站里播放，萌萌很敬佩她，总想着要向她学习，也写出几首优美的诗歌。于是，萌萌找到了学姐，和学姐交换了联络方式。

萌萌向学姐请教："我也喜欢诗歌，我也想和你一样写很多诗歌，我该怎么办呢？"师姐听后，就问她："那你开始写了吗？"萌萌有点儿不好意思地回答："我还没有开始呢，

师姐写的诗可真好！我也想写诗。

现在这只是一个想法，我还不知道从何开始呢。"

"那就不要想了，先行动起来吧。"师姐给萌萌打气。

一个月过去了。萌萌又找到了这位师姐，还是请教写诗的事情，这次萌萌的问题是先写一首长篇诗歌还是先写一首短篇诗歌。很显然，这一个月以来，萌萌只是想，并没有做。

一番讨教之后，萌萌决定先从短篇诗歌开始。可是几天之后她又找到了师姐，她总是担心这个，担心那个，总之还是没有下笔。

就这样，萌萌写诗歌这件事就因为她不断产生新的想法而一拖再拖，最终也没有写成。

我先写长篇诗歌还是短篇诗歌呢？

不管短篇长篇，先写起来吧。

"想得太多"所引发的焦虑状态是一种负能量，这些负面情绪会让我们产生内耗，消磨我们的精力。久而久之，形成一种恶性循环，让我们陷入其中无法自拔。

"想得太多，做得太少"这个现象是普遍存在的，它是一种习惯，是我们的大脑习惯让我们生活在舒适区，害怕突破舒适区后将要面对的压力和困难，所以会给我们一种暗示，当这种暗示和我们的想法产生冲突的时候，就会产生焦虑的情绪。要想控制这种不好的情绪，最重要的就是要摆正心态，让自己的计划和行动合二为一，从一件事情上开始做起，从小的事情开始做起，逐渐培养信心，然后逐步完成自己的每一个计划。

嘉庆年间，大臣梁章钜和自己的几个好朋友一起跑到温州地区游山玩水，这一路风景优美，又有友人相伴，梁章钜的心情非常愉快。就在旅行即将结束的时候，他和几个朋友彼此许下诺言，说以后会找机会再来这里游玩。

可是这个想法一直只存在于"想"中，后来的梁章钜因为这样那样的事情，一直没有实现。直到四十五年以后，他终于和朋友再次来到这里。可是这一次的旅行，梁章钜已经是满头白发、步履蹒跚了。

我们找个机会再来玩一次吧。

好啊！一言为定！

梁章钜十分感慨，回去之后就写了一篇日记，并在日记里这样记录了这场迟到已久的旅行："回头四十五年光，凤愿谁知老。"意思就是说，这场旅行拖了整整四十五年，把自己都拖老了。这就好比之前流传已久的一首诗里说的一样："春天不是读书天，夏日炎炎正好眠，等到秋来冬已至，不如收拾到明年。"

唉！时光匆匆啊！我们都已满头白发了。

这场旅行迟到了整整四十五年啊！

与其花费大把的时间"想太多"，不如从现在开始就行动起来。当你走出坚定的第一步时，思路就开阔了，后面的事也就会顺利起来。选择对的事情去做，并坚持努力，这不仅是一种教养，更是一种境界。

第六节 宽容他人，懂得放下

孔子曾说："躬自厚而薄责与人，则远怨矣。"这句话是告诉我们要学会宽容，懂得放下，多自省，少责怪别人，就会化解怨恨。宽容，是一个人内在的素养，它体现了一个人的思想认知水平。如果我们每个人都学会宽容，就会用理解、尊重和耐心来善待他人。当看到别人的短处时，不揭短，留情面，和他人和睦相处；当看到别人的长处时，多夸赞，多学习，从而让自己不断地得到提升。

汉武帝刘彻是个豁达大度、心怀宽广的皇帝，在百姓之中很有威望。

一次，汉武帝带着随从一起微服出访到一个偏远的山村，他们在一家客栈投宿。店主人看着他们年纪不大，行为举止又有些奇怪，心

客栈

今晚我们就在这里休息吧。

遵命。

里就认定他们是一伙盗贼，于是偷偷溜出去想要找人来制服他们。

店主的夫人却是个非常聪明的人，她见此情景赶紧追了出来，对丈夫好言相劝："我觉得他不是坏人，只是个有钱的贵公子罢了。"店主人将信将疑，他的妻子则趁机把他拉回家中，劝他喝酒，很快店主人就醉得不省人事了。

接着，店主夫人又赶忙杀鸡宰羊，好好招待了汉武帝一番。

第二天，汉武帝知道了这件事情。他回宫后就把店主夫妇叫到了宫里，赏赐店主夫人黄金千斤。店主人觉得汉武帝一定是要治他的罪，害怕得不行。没想到汉武帝不但没有治罪，反而表扬他疾恶如仇的性格，任命店主为羽林郎。

这件事传出去之后，百姓都觉得汉武帝真是一个宽容大度的君主。于是，汉武帝更有威望了。

你正气凛然，疾恶如仇，现在命你为羽村郎。

宽容是一种教养，也是一种人生境界。如果你用短浅的眼光去看任何事，那么事事都不会顺心；如果你用多疑的心态看人，那么人人都会有错处。《谏逐客书》中说："泰山不让土壤，故能成其大；河海不择细流，故能就其深。"无数微小的土壤才成就泰山的伟大；无数细小的河流才成就江海的宽广。所以，我们做人做事要懂宽容，会放下，这样才能成就你的气场和格局。

放下，是一种从容的态度、平和的心态，也是良好的教养和人生的智慧。很多事情，我们只有放下，才能重新开始。放下恩怨，学会欣赏对方，多记得别人对你的好，多看别人的长处，这样才能和别人和谐相处；放下失败，学会总结反思，在失败中总结经验教训，摸索成功的规律，努力拼搏，即便失败了也不留遗憾；放下压力，释放自己，让自己保持平和的心态，处之泰然，更能提高工作效率；放下烦恼，卸下包袱，轻松出发，才能享受人生的乐趣。

晚清重臣曾国藩年少的时候在书院读书。和他一起读书的一位同学非常霸道，总发脾气。当时曾国藩坐在光线较好的窗户下面，这位同学就故意过来找茬儿说："你挡住了我看书的光线，赶紧走开！"听了他的话，曾国藩也不以为然，换了个地方继续读书。

曾国藩平日里是个非常勤奋的人，总是夜以继日地读书。一天夜里，曾国藩正在读书，那位同学又走了过来，一把将他的书打到了地上，然后说："大半夜的，你能不能安静点？"曾国藩没有生气，而是

你挡住了我看书的光线，赶紧走开！

你想坐这里，我们换个位置就好了。

压低了自己读书的声音。

没过多久，曾国藩中举了。没想到那位同学竟然非常生气地朝他吼道："你算个什么东西，竟然把我的好运气给抢走了！"别的同学看不下去了，纷纷和他吵了起来。可是再看看曾国藩，他依然和颜悦色，像个没事人一样劝起架来。

曾国藩气度果然不凡，他懂得宽容他人，不拿别人的坏情绪来惩罚自己，这确实非常值得我们学习。

明明是你自己不努力，凭什么怪别人？

他抢走了我的好运气！

就是，就知道欺负人！

做人，要拿得起，放得下。只有懂得宽容的人，才会以平和的态度对待周围的一切，才能放下是非恩怨，化敌为友，让自己活得更自在、更快乐。

第七节 不把消极情绪带给他人

请你闭上眼睛问问自己：在大部分的时间里，你是不是感觉到紧张、焦虑，甚至会被一些负面的消息影响变得不安、愤怒或绝望？这几种状态就是消极情绪。产生了消极情绪之后，很多人就喜欢把它代入到自己的工作、学习和生活中，从而进一步影响周围的人。可是，当你喋喋不休地痛斥命运对你的不公时，当你大声地表达你的愤怒时，你有没有想过，这是一种没有教养的表现？俗话说："近朱者赤，近墨者黑。"谁不愿意接触积极、乐观、正能量的人呢？这些人往往有很高的教养，能带给大家更多的温暖。

小王在一家公司上班的时候，办公室里有一位女同事，她是个急性子，说话很快，做事也风风火火的，从来不会考虑别人的感受。每天和她说话，他除了抱怨，别无其他。

她说："我可真倒霉，都怪我男朋友给我打了个电话，害得我发错了文件，被领导批了一顿。"

你好像每天都心情不好啊！

心情不好，担待下哈。

　　她说："楼下新开的那家餐厅饭菜真难吃，在哪请的厨师啊，这水平也太次了。"

　　她又说："今天我竟然迟到了。唉，这个月的全勤奖又泡汤了。你说就晚了五分钟，至于扣我这么多钱吗！"

　　……

　　更多的时候，她啰里啰嗦地和每一个人说她自己遇到的不开心的事情，好似每一个人都得围着她转，听她诉苦。而且她每次说完后，都会不痛不痒地说："心情不好，担待下哈。"

　　就这样时间长了，大家都有些烦了，开始远离她。甚至有人在背后说："她心情不好，关我什么事？"是啊！她完全不顾别人，只会打着心情不好的旗号向我们发泄心中的不满，那我们又凭什么替她的不快乐买单呢？

　　每天都听她说自己心情不好，搞得我也心情不好了！

　　可不是，她心情不好和我有什么关系？

　　人们总会因为自己的消极情绪而不看好一些事情，甚至亲手掐灭别人的美好和期望，同时还要用一副清醒的模样讲一段大道理，其实这些消极情绪对人的伤害往往很大。所以，我们尽量不要用自己的消极情绪去影响别人，这是最基本的教养。

与消极情绪相对的，是乐观心态。我们常说"生活是一面镜子，你对着它笑，它也会对你笑；你对着它哭，它也会对你哭。"当一个人能够用乐观的心态面对未知时，他就已经站在了生活的最高点。如果你拥有乐观的心态，那么当你因为一件事纠结、生气的时候就能快速地静下心来，转化思维，想到事情积极的一面，问题也许就会迎刃而解了。用乐观的心态面对人生，其实是一种修行，它能时刻告诉你：你并不比别人差，而且未来可期。

有两个母亲是住在同一层楼里的邻居。住在左边房子的妈妈每天下班之后，回到家就总是不停地抱怨。抱怨自己老公没把鞋子放好；抱怨自己的工作太辛苦了；抱怨孩子不争气，考试成绩差；甚至连她家里的小猫都没逃过她的抱怨，嫌它挡住了自己去厨房的路。

时间久了，她的儿子也养成了抱怨的习惯，一遇到不顺心的事情，就不停地埋怨。输球的时候，怪队友不给力；遇到不会的题时，怪老师没有讲过；同学之间发生了矛盾，也都是别人的错……因为他的埋怨，他身边的朋友越来越少了，没有人愿意和他在一起玩。

你怎么又没考好？

你太棒了！让妈妈拥抱一下。

　　住在右边房子的妈妈就完全不一样了，她的孩子从来没听到过她抱怨什么，即使在公司挨了批评，回到家里也依旧是笑容满面。因为这个妈妈知道不能把不好的情绪传递给自己的孩子，所以即便她心情很不好，每次都会平复好心情之后再进门。正因为妈妈这样的做法，她的女儿也非常乐观开朗，遇到事情总是自信满满。

　　如果暂时没法改变周遭环境，那就试着调整自己的心态吧。世界本就不完美，事事难如人愿，但我们可以换个角度看问题。保持乐观，多想想好的一面，别总盯着不好的事，因为困难总会过去。这样一来，消极情绪就会溜走。积极的人更容易快乐，也对未来满怀期待。

第八节　摆脱生活所带来的烦恼

　　你是否经常遇到让自己内心不愉快的人或者事，然后就会觉得烦恼和忧虑呢？其实这些烦恼情绪往往产生于自己的想象和现实之间的差距，这种差距不仅会给别人带来困扰，也会给自己带来困扰。仔细想想，我们遇到的烦恼是真的烦恼吗？是那种已经发生了的事情所带来的困扰吗？其实很多时候我们遇到的烦恼，只不过是我们大脑里想象出来的，基于保护自我所做出的假设，并没有真正的发生。

　　有一个年轻人，觉得自己的生活中到处都是烦恼，他没有一天是开心的。为了摆脱烦恼，他决定去找一找，看有什么方法能让他摆脱烦恼。

　　这一天，年轻人来到了一处村庄，看到一个小孩儿骑在牛背上

我在牛背上一吹笛子，就什么烦恼都没了。

你是怎么摆脱烦恼的？

吹笛子，他晃荡着双脚，惬意地沉浸在悠扬的笛声中，看起来悠闲自得，好不快活。

年轻人走上前去，问小孩："你看起来非常快乐，一点儿烦恼都没有，你能教教我怎样才能像你一样摆脱烦恼吗？"小孩想了想说："我只要一坐在牛背上吹笛子，就什么烦恼都没有了。"年轻人听后，就坐上牛背试了试，可他还是感觉到自己非常烦恼。

看来这小孩儿说得没有什么用，于是年轻人告别了小孩儿，又继续寻找。

年轻人路过一个寺庙，看到了一个年轻的和尚正在念经。于是他走上前去，向和尚说明了来意，希望和尚能教他摆脱烦恼的方法。

和尚笑着问："你被谁捆住了吗？"年轻人摇了摇头说："没有。""既然没有人捆住你，你还说什么烦恼呢？"听了和尚的话，年轻人恍然大悟，是啊，没有人捆住自己，又何必自寻烦恼呢？

你被谁捆住了吗？

你是怎么摆脱烦恼的？

如同故事所说，我们想象出来的烦恼大部分都不会发生，其实真正令我们烦恼的，也不过就是对事物过多的联想和解读罢了。

对于幻想的烦恼造成的困扰，其结果不足为虑，我们真正需要关注的是生活中存在的真正的烦恼。比如你被老师批评了，你会感到烦恼；你会反复地联想起以前做过的错事、尴尬事，自己所遭受的委屈……这些烦心事让你忘不了、扔不掉，时刻都会出现在脑海中。这就是因为我们的感性思维战胜了理性思维，情绪无法得到有效控制。相反，如果我们能够在出现问题后，尽力用理性思维去分析问题的症结，思考改进方法，才能把烦恼转化为积极情绪，避免重蹈覆辙。

一位老师和一位歌唱家是好朋友，他们退休后经常在一起喝茶聊天，这天两人打了一个赌。歌唱家说老师将会养一只小鸟，而老师不会养鸟，老师觉得这件事根本不会发生，于是就同意了打赌。

没过几天，歌唱家就给他送来了一个漂亮的鸟笼子作为礼物。老师看这个鸟笼做得非常精巧，于是就把它挂在了屋檐下当装饰品。

我们来打个赌，我赌你会养一只鸟。

赌就赌，我根本不可能养鸟。

老师的人缘很好，经常有客人来家里拜访，他们每次看到屋檐下的鸟笼，就会问为什么里面没有鸟，是不是飞走了？

一开始，老师还耐心地跟人家解释，他没养小鸟，这只是别人送的礼物而已。可是客人们都觉得有鸟笼就得有鸟，大家看他的眼神也开始有些怪异。后来，问的人越来越多，解释就成了老师的烦恼。

无奈之下，老师开始思考要不要买一只鸟。可是他又不会养鸟，买了鸟后必然还会产生新的烦恼。该怎么办呢？最后，还是老师的儿子帮他想到了办法：买了一件小鸟工艺品放进笼子。这样既不用跟朋友解释太多，又免去了养鸟的烦恼，真是一举两得啊！

怎么会只有鸟笼没有鸟呢？鸟飞走了吗？

这只是朋友送的礼物，根本没有鸟。

苏轼曾写过一首词："人有悲欢离合，月有阴晴圆缺"。生活中难免会出现这样那样的烦恼，这是司空见惯的事情，重要的是我们要学会在烦恼面前保持淡定坦然，逐渐化解烦恼，这样我们才有更多的时间去做我们想做的事情。

第九节　不要拿别人的过错惩罚自己

很多时候，我们会觉得自己生活得很不开心，别人无意中的一句话，就觉得是在针对自己，久久不能释怀；亲人们做错了一件事，我们便沉浸在被伤害的难过情绪中，久久不愿原谅；还有一些人说话没有口德、不礼貌、不讲理……我们一想起来就会觉得有一股怒火直冲心头。这些本来就是别人的过错，但是我们却用别人的过错来惩罚自己，实在是太不明智了。人们常说："退一步海阔天空"，我们又何必为了一点儿小事而斤斤计较呢？

有位老人有阅读报纸的习惯，于是他每天都会到附近商店去买一份报纸。店里有很多商品，报纸只是顺带卖的，商店的主人是个年轻人，他每次看到老人来到这里不买别的东西，只买最便宜的报纸，就很不开心。

　　这天，老人又一次来这里买报纸，年轻的店主又没有给他好脸色，而且表现得也极不耐烦。恰巧这个时候，老人的一个朋友也来这里买东西，见到了这种情况后非常生气，非要找年轻店主说理。

　　可是老人的心态却很平和，拉着朋友走出了商店。朋友忍不住抱怨道："你瞧瞧他的态度，傲慢无礼，好像谁欠他钱似的，真不知道你怎么能忍受这么久，如果是我，我以后再也不会来这里买报纸了。"

　　老先生笑了笑，对朋友说："我和他计较什么呀，我如果生气，那岂不是拿别人的过错来惩罚我自己吗？这种赔本的买卖，我可不干。而且我也没有必要为了赌气，舍近求远到别处去买，这不是浪费我自己的时间吗？"

你瞧瞧他的态度？

我和他计较什么呀，我如果生气，那岂不是拿别人的过错来惩罚我自己吗？

　　如果一个人不懂得原谅，自己就会因此而痛苦，这才真的是得不偿失。当看到别人有过错时，我们不妨多点儿包容，少一些指责，这样才能开心自在地度过每一天。

　　我们之所以会对别人的过错耿耿于怀，究其原因，不过是因为别人的行为准则与我们内心的标准形成了强烈的反差。因为别人说的话重了一些，我们就给别人扣上了素质低的帽子；因为别人做了件我们看不惯的事，我们就说别人没教养……一个人的教养是对于自身而言的，我们可以用教养来约束自己，改变自己，但是不能以教养的名义来要求别人为了包容你而改变。所以很多时候，我们不妨学着宽容一点儿，这样才能放过自己，拥有更好的人生。

　　社团里有一位教授，他风趣幽默的教学风格很受同学喜欢。

　　有一次，社团同学和教授一起去聚餐。等餐时，大家说起了游客不文明的行为，于是同学们开始你一言我一语地展开了关于教养、道德的讨论。教授在旁边喝水，一句话也没说。

　　这时候，一个女孩儿开始说她看到的不文明行为就是吃饭的时候吧唧嘴，大家纷纷点头表示赞同，教授还是一声没吭。

没错，这种行为确实不文明。

我最不喜欢的行为就是吃饭时有人吧唧嘴。

很快，菜上齐了，大家准备吃饭。就在这时，教授的声音传了过来："先等等。"只见他拿出一个盘子，分别夹了一些菜，然后笑着说："你们吃，我去旁边坐，我吃饭吧唧嘴，怕影响你们。"说完，教授就端着盘子出去了。包厢里顿时陷入一阵尴尬，大家赶忙去外面请教授回来，可是无论怎么说教授都不回来。于是，大家在尴尬中吃完了饭。

之后，教授依旧如以前那样对待大家，而且也积极参与社团聚餐，在聚餐时斯文得体，再没有吧唧过嘴。

原来，教授是用实际行动给大家上课啊！

我吃饭吧唧嘴，怕影响你们。

老师，您和我们一起吃吧。

其实有时候，我们原谅别人，宽容别人，也是在与自己和解，大家都会很轻松。如果我们总是把一些事压在心里，不仅自己不快乐，别人也不会快乐。

"情绪教养"养成法

1. 顺境时，不要得意忘形；逆境时，不要慌乱失态。

2. 学会与自己和解，不要传递负面情绪。

3. 焦虑的时候，不妨先做起来。

4. 与人相处时要心胸开阔，不要因为一点儿小事就发脾气。

5. 遇到麻烦要学会解决，不要只顾着抱怨。

6. 用积极、阳光、向上的态度对待生活中的人和事。

7. 当别人觉得难堪时，请选择回避。

8. 凡事提前十分钟，可以帮助你整理心情，进入状态。

9. 遇事要用理智思考，不要感情用事。

10. 尽量把姿态放低，心态放平。

11. 真诚待人，不要欺骗别人。

12. 学会换位思考，理解他人的不易。

13. 当别人遇到某种不幸时，尽量给予同情和支持。

14. 当你觉得孤单的时候，要学会调节自己的心情。

15. 遇事要冷静思考，不要随意发怒。

16. 无论对家人、朋友还是陌生人，都要温暖坚定。

17. 当别人自嘲的时候，请不要附和。

18. 做任何事都要知道适可而止，即便是你在闹脾气时。

19. 被别人批评的时候，即使不是自己的错也不要先争辩，待到大家都冷静下来再解释。

20. 别把别人对你的好，当作理所当然。

第三章
克制果断的自律教养

孔子说过："君子求诸己，小人求诸人"。意思就是，有品行的君子在遇到问题时，善于从自身发现原因。这里的君子行为，其实就是自律。自律，不仅仅是一种能力，一种精神，一种态度，更是一种教养。做到自律其实很不容易，因为它要耐得住寂寞，经得起诱惑，扛得住苦难。自律的人内心始终有一盏克制自己的明灯，能照亮自己的方向，激励自己朝着目标走下去。

第一节　独立、向上才是你该有的模样

　　每个人都对自己的未来有着各种想象，有人希望能获得一份值得付出的事业；有人希望找到一个知冷知热的爱人；还有人希望拥有财富自由、时间自由，甚至是直面困难的勇气……在通往未来的这条路上，你需要自律。自律对于人生来说，是一种高贵的教养。当你想要成为更好的自己时，你就要学会自律，用你独立、向上的精神态度来换取越来越充实的人生。

　　刚工作的那一年，萱萱和一个名叫甜甜女孩儿合租了一个房子。甜甜每天晚上都要工作到很晚才会睡觉。有一天深夜，萱萱起床喝水的时候，发现她屋子里的灯还亮着，于是顺手给她倒了一杯水端了过去。

　　甜甜看到萱萱进来，停下了打字，冲着萱萱笑了笑，那笑容看起

怎么还不睡啊，这都凌晨了。

没办法啊，公司里那么多优秀的人，我不能拖大家后腿啊，我得把这份文案写完才行。

来疲惫又灿烂。萱萱不由得问了一声："怎么还不睡啊，这都凌晨了。"甜甜无奈地说道："没办法啊，公司里那么多优秀的人，我不能拖大家后腿啊，我得把这份文案写完才行。"

萱萱很好奇地问她："你这不是才刚刚进入这家公司吗？这么拼，领导也不一定能看得到啊。"甜甜叹口气，对萱萱说："我是个新人，什么都不会，什么都不懂，而且我的学历低，经验也少，我只有更努力才行。"说完，她把萱萱劝回屋里睡觉，然后自己洗了洗脸又继续去工作了。

就这样，几年后，甜甜凭借着自己的努力，得到了领导的赏识，成了公司里不可或缺的核心成员。

现实生活中，有背景、有能力的人太多了，能走到最后的都是背后默默的付出和用心的积累。正是你的独立、向上，才让你的付出有了回报，成就了如今最好的你。

生活中，我们不难发现，越是优秀的人，越是拥有独立、向上的积极能量。他们会设定各种计划，把自己的生活和工作安排得很好，让自己每天都能精神百倍地迎接新的一天。从他们的脸上，你能看到他们自律的模样，围绕在他们周围的也都是满满的正能量。幸运总是会更青睐独立、向上的人，和他们相处，你会感觉到自信满满。相反，消极被动的人，会习惯性地拖延和抱怨，把简单的事情搞得很复杂。所以，决定一个人生活质量和事业发展最基础的因素，就是他是否独立、向上，是否自律。

大雨过后，三个人坐在屋檐底下聊天。突然，一个人指了指墙壁让大家看。大家抬头一看，原来有一只大蜘蛛正在努力地往上爬，想要爬到墙角那个已经支离破碎的网上。

可是因为刚下过雨，墙面很滑，蜘蛛刚爬到一半的距离时，就掉了下来，蜘蛛没有放弃，它依旧努力地往上爬，又掉下来；然后再往上爬……

三个人看到这个场景，都感慨万分。

　　第一个人叹了口气，说："看到这只蜘蛛就仿佛看到了我，我这一生就如同这只蜘蛛一样，一直在瞎忙，最后什么都没有得到。"

　　第二个人不以为然地说："这只蜘蛛可真是笨啊！为什么每次都从一个地方往上爬呢，已经滑下去好几次了，从旁边干燥的地方爬上去不好吗？我可没有它这么笨。"

　　第三个人非常佩服蜘蛛屡战屡败、屡败屡战的精神，他对同伴说："你们看这只蜘蛛，虽然失败了那么多次，却还是这么努力，这种积极、独立、向上的精神才是值得我们学的呀！"

　　独立、向上让我们更有可能过上好生活；独立、向上让我们更有底气去爱护身边的人；独立、向上能够不断增进我们的智慧，完善我们的修养；独立、向上让我们有资格去欣赏世界、拥抱世界和改变世界。

第二节　对自己要狠一点儿

　　古人说："君子以细行律身。"也就是说，君子会从小事、小节中严格要求自己，这也就是我们如今所说的教养。我们每个人都要用教养来约束自己，让自己遵守礼仪、举止文明、心存善意，让自己变得更加优秀。有教养的人，对自己都会有很强的约束力，他们会非常自律，对自己够狠。当良好的习惯自然而然地形成后，就能在不经意中流露出来，传递给身边的人，让人们感觉到温暖舒心。

　　小雨是一家大企业的产品总监，她学历不高，年纪也不大，却能在企业里身居高位，这着实让人好奇。

　　小雨是如何做到这个职位的呢？原来，她高中毕业就工作了，当时在一家商场做化妆品的销售工作。因为她的工作总是站着，于是小

工作时，最好还是穿高跟鞋吧。

好的，我知道了。

雨就习惯性地穿着平跟鞋工作。有一天，她的主管对她说："如果你穿上高跟鞋，整个人的气质就会发生很大变化，也会给顾客更好的第一印象。"

　　之后，小雨决定穿高跟鞋上班。但是她一穿高跟鞋，双脚就疼痛难忍。可是小雨并没有因此而放弃，而是每天上班都穿上高跟鞋，下班了再脱掉，直到她完全适应。

　　小雨对自己的这股狠劲，还用到了工作中的其他地方，她能力不够，就想方设法去提升；学历低，就利用下班时间去充电……终于，她靠着自己的努力在公司里站稳了脚跟。

再疼我也要坚持。

　　所谓"狠"，并不是针对别人，而是让自己足够自律。从很大程度上来说，一个人无论是优秀还是普通，出众还是一般，就是看他是否能做到自律，他们是否对自己够狠。

很多人虽然明白自律的重要性，但是却不愿意为之付诸行动。等遇到问题的时候，只会摆一摆手说一句："我又有什么办法？"可是，即便你把自己的失败归结于所有的外在因素，即便你说得句句在理，但实际上你就是输了自己。每一个理由都像是一块黑布，蒙蔽了你的眼睛，当你看不清事情的本质时，又如何会改变呢？不是别人和困难打败了你，而是你的懒惰和害怕打败了你，是你给自己找的理由打败了你。所以，遇到事情时，不要再去逃避，现在开始要明确地知道，自己的失败不是别的原因，就是自己不够努力，对自己不够狠。只有明确这点，你才能去改变自己。

陈曦精心筹备了半年多的西餐厅终于开业了，她邀请了自己的几个好朋友去玩，大家聊得非常愉快。就在这时，朋友小何羡慕地说："有自己的西餐厅真好，我小时候也想开西餐厅呢。"旁边的朋友说："你也可以开啊，努力实现自己的梦想。"

小何却摇摇头说："我家可没这么多钱给我开西餐厅。"陈曦听到这话后，心里有些不开心，于是对小何说："我可没用家里的钱，这都是我自己攒的钱。"

我小时候的梦想就是开一家西餐厅。

那你就开啊！

小何又接着说："那你得懂得餐厅的运营和管理吧，还有食物的选材、制作等，我没学过这方面的东西，也没有那么多时间学啊。"

这时，旁边又有一位朋友接话了："我记得陈曦也没学过这些啊！"

小何又说："开西餐厅得有人脉吧，陈曦这么漂亮，肯定有很多朋友，我可不行，长得不好，运气也不好。"

大家听到这里都闭口不言了，因为大家知道，不管说什么，小何总会找各种理由反驳回去。

教养不是让你去苛求别人，不是让你给自己的懒惰找借口，而是让你学会自律。有教养的人，知道自我否认的过程非常痛苦，知道自己的失误是不够努力，从而对自己提出更严格的要求，对自己会再狠一点儿。

第三节　随意评判别人是损人不利己的行为

在生活中，我们总会遇到那么一些人，整天打听小道消息，捕风捉影地去猜测别人的生活，之后还会在和别人聊天时，义正言辞地加入自以为是的判断。每个人都有自己的隐私，谁都不喜欢自己的私生活被人肆意窥探，并拿出来讨论。殊不知随意评判别人是损人不利己的行为，是没有教养的举止，不论你评论的是否真实、正确，它对你的生活和工作都不能带来一丁点儿的好处。古语说得好："未说是非者，便是是非人。"

筱筱和小欣一起吃饭的时候，说起了她的同事，她生气地对小欣说："我们公司有个同事特别没有教养。"

小欣连忙问怎么回事，筱筱满脸不高兴地说前几天她的那个同事到处跟别人说："你看你们，累死累活，还是个普通员工，看人家筱筱，这才刚来半年不到就升职了，还天天陪着老板吃饭、开会，你们说她是不是背后和老板有什么关系？"

筱筱还说，她自己也知道这位同事是个什么样的人，平时也

没有和她计较过什么。可是昨天，自己在卫生间的时候，又听到那位同事在和别人聊她，说她升职快是因为被老板"潜规则"了。这下筱筱可忍不了了，冲出来和她大吵了一架。

筱筱说："我平时上班都是第一个来，最后一个走，别人忙的时候我忙，别人休息的时候我还在干活，我升职快完全是因为我努力奋斗的结果。她凭什么张嘴胡说？"听到这里，小欣也有点儿生气了，一边安慰她，一边替她想办法。

她凭什么张嘴胡说？

我们每个人都是独立的个体，都是与众不同的。我们不要随意评判别人，而是要学会接受大家的不同之处，不要因为别人的行为习惯和自己的理解、认知不同就去否定别人，甚至用难听的语言去评判，否则只会让人们觉得你没有教养。

俗话说："眼见未必为实"。有时候，仅凭自己双眼看到的事情，并不一定是全部的事实真相，或许你看到的只是其中的一小部分。一个人对人最大的恶意，就是把看到的一点儿问题加以放大，把自己的理解强加于人，并且言之凿凿，认为自己是正确的。而一个真正有教养的人，会懂得三缄其口，不明确事物的全部真相时，从不开口随意判断。我们每个人都有自己的生活方式，有时候，不了解真实情况，就随意开口判断，此时说出去的话难免会夹杂着偏见，而且这种偏见会被不断地放大，从而伤害到别人。

孔子带着自己的弟子们到各国去游历时，曾经因为兵荒马乱滞留在了陈国和蔡国之间，这时候他们手边一点儿粮食都没有了。没办法，他们只能找一些野菜充饥。

就在他们饿了七天之后，颜回终于讨要到了一点儿大米。就在米饭快煮熟的时候，孔子不经意间看到颜回把锅盖打开，抓了一些米饭塞到了自己嘴里。孔子立即转过头，当作没看见，也没有出声责问。

我得找机会教育一下他。

　　等到颜回把米饭端上桌，请孔子来吃的时候，孔子决定教育一下颜回，于是说："我刚才梦到了祖先，我们先把没人吃过的米饭祭奠祖先吧。"颜回一听，立刻就慌张了起来，他站起来制止，说："这米饭不能祭奠祖先了，因为我刚刚吃了一口。"孔子问："为什么？"颜回说："刚才我煮饭的时候，不小心把土弄到了锅里，我想着粘了土的米饭扔了可惜，于是我就吃掉了。"

　　听到这里，孔子才恍然大悟，顿时发现是自己误会颜回了，因而十分愧疚。

你为什么要偷吃一口？

因为土掉进了锅里，我想着扔了可惜，就把它吃了。

　　既然你没有了解到事实，那就不要轻易给出结论；既然你不够了解一个人，就不要随意对人品头论足，这才是一种真正的教养。

第四节　不要用自己的道德标准绑架别人

我们经常从网络上听到"道德绑架"这个词，它指的是用圣人的道德标准要求别人必须去做他没有义务去做的事情。比如说你有钱，你就必须得捐款；我是老人，乘车时你就必须要给我让座；因为我穷，你就必须给我买吃的……对于这些喜欢道德绑架的人来说，道德不是用来约束自己的，而是约束别人的。当他们遇到一件有争议的事情时，总是会站在道德的制高点上，随意批判别人。这种随意实施道德绑架的行为，归根到底，就是没教养的表现。

一个女孩被医生告知自己得了重病。女孩失魂落魄地走出医院，来到公交站台，准备乘坐公交车回家去。

公交车上有个座位，女孩恍惚地走过去并坐下来，她低着头独自伤心。公交车平稳地前行，很快就来到了下一站。

这一站上车的人很多，有个头发花白的老人一上来就站到了女孩的旁边，低着头的女孩没有发现。老人便使劲地清了清嗓子，想要女孩给他让座。女孩听到了老人的暗示，但是她身体不舒服，不想让座。

老人看到女孩的样子，开始倚老卖老，不依不饶起来，说什么现在的年轻人一点儿都不懂得尊老爱幼、素质低等。老人的话也激起了女孩的怒气，她抬头看着老人说："这是我的座位，我想让就让，不想让就不让。"

没想到这几句话被旁边的人拍了下来，发到了网上，顿时引起了大家的关注，女孩儿开始受到各种人的道德绑架，各种网暴层出不穷。这种情况让女孩儿绝望极了，不久，她的病情也加重了，甚至还患上了重度抑郁症。

不知道给老人让个座吗？真是没有教养。

这是我的座位，我不让。再说了，我今天身体也不舒服。

一个人疾恶如仇容易，但能做到顾大体、识大局就很难；做到咄咄逼人容易，但是温暖和善就很难。在某种情况下，粗鄙就是一种冷酷。那些靠道德绑架来获取自己优越感的人，其实就只是一个无知的"绑匪"。

有时候我们会冒出来一点儿的"正义感"，觉得身边有人不努力，就觉得非常不理解，有点生气，甚至忍不住就会说人家几句；还有的时候，我们会让自己站在道德的制高点，觉得某人都已经这样"惨"了，而你又有能力，为什么不能帮一把呢？其实这完全没必要，每个人的人生目标不一样，想法和办事方式不一样。你的想法，只是你自己的，代表不了别人。不处于别人的位置，又如何知道别人在想什么呢？所以，即便你看不惯别人，也不要用自己的标准去衡量别人。

一天，孔子和几位弟子们一起外出，刚走到半路，突然下起了大雨。大家都没有带伞，于是只能躲在屋檐下避雨。

弟子子路发现，这里离孔子的另一位弟子子夏家很近，于是提出想要去子夏家借几把伞。当他把这个想法告诉孔子的时候，孔子说："不可。我很了解子夏，他很看重自己的财物，他的东西别人是借不出来的。"

　　子路很不理解，说："我有的东西，肯定会拿出来和大家一起用，用坏了也不会心疼。难道子夏就会眼睁睁看着老师淋雨，也不肯借伞吗？"

　　孔子说："我不是这个意思。我是说，咱们不能用自己的想法去代替别人的想法，强迫别人去做自己本来不愿意做的事。只有照顾别人的感受，不强人所难，这样大家才能更好地相处。"

　　此刻的子路，才终于明白了老师的苦心，他点了点头，不再纠结于借伞的事了。

只有照顾别人感受，不强人所难，大家才能持久相处。

我明白了，谢谢老师。

　　请不要总是以教养为借口，随意去评判、指责、要求别人，不要做拿着教养去"绑架"别人的事，因为这样做，本身就没教养。真正的教养是约束自己，而不是"道德绑架"别人。

第五节 让别人体面就是让自己体面

在生活中，你是不是也经常见到这样的人，他们不说话则已，一说话就会在不经意间得罪人，或者是把原本和谐的场面搞得很尴尬。如果没人提醒他们，他们完全不会认识到尴尬的场面是自己造成的；如果有人善意地提醒了他们，他们就会用一副大惊小怪的模样说一句："我可没想那么多。"这些人总是用"说话直"作为自己的挡箭牌，希望别人能包容自己，可他们不知道的是，说话直和没教养是不一样的。说话直不过是自己说话没有那么圆滑，想得不全面，但没教养就是对别人有攻击性和伤害性，不给别人留"体面"。

有一个男孩儿，大学毕业之后就被派到国外工作了三年，这次是第一次休假回国。碰巧赶上了同学聚会，于是他带着自己的女朋友一起来参加聚会。男孩儿的女朋友是本地人，长得漂亮大方，和男孩儿

真羡慕你们啊！

再坚持一年，等他回国后你们就能结婚了。

很是相配。

聚会的时候，大家都很羡慕他和他的女朋友坚持了这么久的异地恋，同时鼓励他们再坚持一年，等男孩儿回国就能结婚了。

就在大家你一言我一语地向他们表达祝福时，一个朋友突然说话了："分开了三年呢，这么长的时间什么不会变啊，感情还能稳固如初吗？他们离得那么远，身边总会出现各种异性，谁能确保他们不会变心呢？"话音刚落，场面一下就安静下来，谁也没有接话。

此刻这人才意识到自己说的话让大家不开心了，于是赶紧找补："嗨，我这个人就是不会说话，随便说说，大家不要当真啊。"

尽管他再三解释，整个场面还是有些尴尬。男孩儿和女朋友觉得心里很不舒服，于是找了个借口先回去了。

> 分开了三年呢，这么长的时间什么不会变啊，感情还能稳固如初吗？

> 说话不合时宜，很容易让人心里不舒服，让人失了体面。与此同时，别人也会觉得你的所作所为也不够体面。

人们常说"让别人体面，其实就是给自己体面"。谁都爱惜自己的面子，当自己被别人指责或者是被开不合适的玩笑时，心里都会不开心。因此，要想和别人的交往更顺利，就要学会给他人留体面。给别人留体面是一种很高级别的教养，这是从内心散发出来的一种东西。换句话说，一个有教养的人懂得帮助、尊重别人，当他面对自己的优势时，能做到不炫耀、不骄傲、不讽刺、不嘲笑。只有这种能够顾及别人感受的人才会被别人尊敬，大家也会给他应有的体面。

班里有个小男孩，家里很穷，每天只有早饭和晚饭可以吃。为了不让同学们发现他生活的窘迫，于是他每天就和大家一样带着饭盒去学校，只是他的饭盒是空的。每次下课，小男孩第一个走出教室，他总是提前到水管处喝水充饥。

这一天，小男孩又是第一个冲出了教室，他打开水龙头使劲喝了几口，感觉肚子不是那么饿了，才走回了教室。教室里的同学们都在

多喝一点，就不会饿了。

开心地吃着自己的午餐，食物的香味一阵阵地传进他的鼻子里，小男孩深吸了口气，盯着自己眼前的饭盒发起了呆。

突然，小男孩发现自己的饭盒有点不对劲，他好奇地打开，发现原本空荡荡的饭盒里竟然装满了食物。他环顾四周，发现大家都会对着他微笑一下，然后才继续吃自己的饭。

原来，今天有一位同学无意中碰掉了小男孩的饭盒，才知道了他空饭盒的秘密，于是每个人都从自己的饭盒中贡献出了自己的一些饭菜。大家怕小男孩尴尬，没有人主动说破，而是默默给予了小男孩温暖和关怀。

关爱同学
互相帮助

我今天带了大虾，也给他尝尝。

我的三明治可好吃了，分给他一个。

真正的体面，就是得体，就是绅士风度，就是良好的教养。如果你能维护别人的体面，就是对世界极大的善意，那么你自然也会被世界温柔以待。正所谓："送人玫瑰，手有余香。"

第六节　拒绝拖延，保持自律

　　《增广贤文》中说道："学如逆水行舟，不进则退。"人与人之间最大的差距，是自律，越是自律的人，越是有眼界，有教养，有格局；而相反的，很多人不懂得约束自己，做事三分钟热度，遇事也总是拖延，一遇到问题，首先想的就是："先放一放吧；明天再做吧！一会儿再说……"这也就导致了该做的做不了，不该做的又控制不了，长此以往，又怎会养成自律的习惯，又怎会成功呢？

　　娜娜的生活，简直就像是"不规律"二字的生动注解。每当岁末年初，工作堆积如山，她却总是难以摆脱拖延的魔咒。一踏进家门，她就想要放松放松，工作计划一再搁置。

我先放松一会再说。

　　夜深人静之时，娜娜才猛然意识到任务的紧迫，于是不得不牺牲宝贵的睡眠时间，熬夜奋战。那些本该滋养身心的美梦，被键盘的敲击声和屏幕的微光所取代。第二天清晨，当第一缕阳光穿透窗帘，娜娜却只能在沉重的眼皮下挣扎起床，带着浓重的黑眼圈踏入办公室，整个人仿佛被一层无形的疲惫所笼罩。

明天再说吧

　　这样的状态，自然难以投入到工作中去。面对任务，她感到前所未有的乏力和厌倦，仿佛每一个字、每一个数字都在与她作对。于是，拖延的念头再次悄悄爬上心头，她开始寻找各种借口来推迟工作的开始，直到夜幕降临，一切又回到了原点。

　　拖延是个坏习惯，它像个小偷，悄悄偷走我们的时间和效率。想象一下，当你把今天该做的事拖到明天，明天的事又堆上来，结果就像滚雪球一样，越来越多，压力也越来越大。这样不仅影响心情，还可能错失机会，让生活变得一团糟。所以，别等了！现在就行动起来，把任务一件件完成。你会发现，当你开始行动，事情其实并没有想象中那么难。

　　古人曾说："早晨不起，误一天的事；幼时不学，误一生的事。"说的正是"拒绝拖延，拥抱自律"的关键。自律并非遥不可及，只需持之以恒，好习惯自会生根发芽。别奢望一夜之间摆脱拖延，那是不切实际的。重要的是，别急功近利，而是要先静下心，设定清晰的目标，找准方向。日常中多留意，哪里可以即刻行动，培养这种"说做就做"的习性。如此一步步来，拖延自然远离，美好人生就在不远处向你招手。

　　在成为举世闻名的文学家、思想家和革命家之前，鲁迅的童年经历颇为坎坷，他的祖父不幸入狱，父亲则长期受病痛折磨。

　　某次，父亲病情危急，鲁迅清晨便匆匆前往药店购药，细心照料父亲。然而，当他赶到学校时，因迟到而遭遇了老师的严厉责备："这么大人了还赖床，下次再迟就别来上学了！"

这么大人了还赖床，下次再迟就别来上学了！

面对误解，鲁迅没有多做解释，只是静静地回到座位，在桌上刻下一个"早"字，以此自勉。自那以后，无论生活多么艰辛，他都坚持成为第一个到达学校的人。

岁月流转，那个"早"字不仅刻在了桌上，更深深烙印在鲁迅的心中，持续推动他在人生的道路上勇往直前，最终成就了他非凡的一生。

如今，鲁迅当年求学的三味书屋以及那张刻有"早"字的课桌，已被妥善保存在鲁迅纪念馆内，供后人参观，让人们能够近距离感受这位伟人的坚韧与勤奋。

那些懂得自我约束的人，通常拥有强大的自我管理能力。能够驾驭自己的人，才能真正驾驭自己的人生航向。一旦你全力以赴地追求目标，世界仿佛都会为你腾出道路；当你真正做到自律时，梦寐以求的生活终将属于你。优秀，其实就是一种生活习惯，而自律就像是催化剂，让已经优秀的人变得更加耀眼，更加出色。

第七节　不要把烂摊子丢给别人

俗话说"严于律己，宽以待人"，但是很多时候，我们总是会对别人提出各种要求，却没有要求自己，变成了"宽于待己，严以律人"。在生活中，我们经常能看到这样的情景：随地乱丢垃圾；强迫年轻人给老年人让座；公共场合大声喧哗；骑完共享单车随手就扔到垃圾堆旁……这种只顾着自己，完全不考虑别人感受的行为，就是在给别人制造麻烦，俗称"烂摊子"。虽然制造烂摊子的人有很多，但是愿意去替别人收拾烂摊子的人却少之又少，这就导致了我们的生活环境和人与人之间的相处变得越来越糟了。

娜娜从小就喜欢写作，虽然长大后并没有从事相关的职业，但是她并没有把自己的兴趣丢掉，工作之余也会不断写文章投稿。刚开始的时候总是渺无音讯，后来不知是运气来了还是怎么回事，竟然开

我的文章终于被选用了！

始有文章被选用了，再后来还有编辑开始向娜娜约稿，娜娜逐渐得意起来。

因为要写的文章很多，娜娜的时间明显不够用了，为了节省时间，她的写作就没那么精细了，甚至连检查也给省略了。她心里想着：反正还有编辑来校正呢，我又何必浪费这个时间呢？

直到有一天，领导让娜娜修改一份报告。娜娜打开一看脑袋都懵了，先不说内容，那满篇的错别字和不通顺的句子都让娜娜头疼，每句话都要读好几遍才能理解所说的意思。娜娜忍不住埋怨：写这个报告的人，也不知道顺顺句子，真是浪费我的时间。正在埋怨别人的时候，娜娜突然想起自己平时不也是这么做的吗？那个编辑不是也一直在给自己收拾烂摊子吗？想到这里，娜娜觉得惭愧极了。

我们在很多时候会对别人提出更高的要求，对自己却非常宽容，要求很低，这就是因为我们太过自我，没有换位思考，也没有设身处地地站在别人的立场上，替别人多考虑一点儿。

我们经常会找各种理由和借口，寻求他人的帮助，然后正大光明地把烂摊子丢给别人。然而，你是否忽略了一件事：你自己觉得麻烦的事情，别人难道就会觉得轻松吗？这对别人来说就是额外完成的事啊！我们不能说求助于别人是一种错误的表现，但是尽量不麻烦别人也是一种选择。我们无论做什么事情，都要懂得换位思考，选择独自完成，这不仅是一种高贵的品行，也能体现出你良好的教养。

周末，郑女士应邀到朋友家里玩，见到了朋友的女儿瑶瑶，瑶瑶今年四岁，大大的眼睛，梳着两个可爱的羊角辫，特别招人喜欢。

瑶瑶见到漂亮阿姨后非常开心，拉着她就往卧室跑，然后从自己的玩具箱里翻出来好多她自己喜欢的玩具给郑女士玩。郑女士也很喜欢瑶瑶，于是陪着她玩了好久，逗得瑶瑶"咯咯"直笑。

这时，朋友做好了饭，叫大家一起吃饭。郑女上站起来，准备拉着瑶瑶一起去餐厅，却看到瑶瑶动作迅速地从地上站起来，开始一件一件把自己的玩具收回到玩具箱里。

好呀！

阿姨，来陪我玩吧。

　　郑女士感到很惊讶，一个四岁的小孩子竟然能这样有条不紊地把自己的物品归置起来。郑女士赶紧上前帮忙，朋友走过来说："没事，就让她自己做吧。"然后扭头对瑶瑶说："自己的事情自己做，我们不麻烦阿姨，瑶瑶对不对？"瑶瑶扭头看着妈妈和漂亮阿姨，甜甜地一笑，大声地说："对！"

　　就这样，没过一会儿，房间就被瑶瑶整理得干干净净了。

　　自己的事情自己做，不给别人添麻烦，这是多么难能可贵的品质啊！

> 自己的事情自己做，我们不麻烦别人，瑶瑶对不对？

> 对！

　　人生中最大的美德就是处理好自己的事情，最差的表现就是给别人添麻烦。所以，我们要从自身做起，学会收拾自己的烂摊子，把自己的问题处理好，这样与人方便，于己也方便。

第八节　自律让你更加从容

在我们的生活中，很多人在面对别人的成功和精彩的人生时，只会说一些酸溜溜的话，行为上不做出任何改变。即便自己鼓足了勇气，想要做出改变，可一旦遇到困难，马上就会产生了放弃的想法。其实，只要你足够自律，足够节制，那么你早晚都会获得成功。很多人都懂得这样的道理，但是他们在面对各种诱惑的时候，意志又不够坚定，无法做到对某些事物和习惯的割舍，从而迷失自己，成为随波逐流的人。

一个驯马师费了好大劲儿，驯服了一匹脾气非常倔强的马。当驯马师接受周围人的祝贺时，心里得意极了。

被驯服的马儿表现得很温顺，听着驯马师的口令做着各种动作。

这么难驯的马，也就我才能驯服它。

驯马师更得意了，觉得这匹马即便是不用缰绳，也会非常听话。

有一天，驯马师趁着骑马出去的时候，把马的缰绳给去掉了。驯马师带着马儿一起来到了草原，马儿看到绿油油的草地，忍不住撒开蹄子欢快地奔跑了起来。马儿呼吸着久违的新鲜空气，越跑越快，越跑越兴奋，把背上的驯马师忘得一干二净。

这时，前面出现了一块石头，马儿顺势一跃，就跨了过去。驯马师因为没有缰绳的牵引，一下子就被马儿甩了出去，顿时摔得鼻青脸肿，好不狼狈。

这匹马因为过于兴奋，瞬间失去了控制，一直往前冲，最后冲下了悬崖。

我好不容易才自由了，还会听你的？

停！快停下来！

脱了缰绳的野马，最终走上了惨死的路；失控了的人生，也会过得黯然失色。之所以会产生这些结果，最重要的原因就是不够自律。一个不自律的人，生活是空洞的，而且分不清方向，所有的愿望都会随风而散，就连你现在所拥有的也会逐渐失去。

有人说："自律可以让人变得更从容，更优秀。"自律其实是快乐与痛苦交织而成的旅程。当别人都在对自己好一点，再好一点的时候，你对自己却是狠一点，再狠一点。你会发现，自律就是让你彻底和不切合实际的梦想一刀两断，更客观地看待一切，让你的生活变得更真实和乐观。当你开始反思自己的不足时，你就会要求自己改变，然后用你的热情和自律走出自己的"舒适区"，去接触新的事物，并在理性思考中逐渐认识自己，生活也会越来越精彩。

明朝大学士徐溥在私塾读书的时候，就一直行事稳重，不苟言笑。他总是随身携带一个小本子，时不时地就要翻出来看看。私塾老师以为他拿的是小孩子玩的东西，走近一看，才发现是一本他自己抄写的儒家语录，为此老师夸赞了徐溥。

徐溥除了爱学习以外，还会效仿古人，不断地对自己的言行进行反思。他在书桌上放了两个瓶子，分别贮藏黄豆和黑豆。当自己心中产生善念时，当自己说出一句温暖人心的话时，当自己做了一件好事

这是什么？

禮

儒家语录。

时，他都会把一颗黄豆放进瓶子里。而当自己的言行有了过失的时候，他就会把一颗黑豆放入瓶子里。刚开始的时候，黑豆很多，黄豆很少；他就在不断地反思自己，鼓励自己，逐渐地，黄豆和黑豆一样多了；他再接再厉，对自己要求更加严格，时间久了，瓶子里的黄豆越来越多了，相较之下，黑豆的数量可以忽略不计了。

据说，徐溥长大后入朝为官，还一直保持着这个很好的习惯。

今天做了一件好事，要放进去一颗黄豆。

自律的最高境界是慎独，就是你独自一人的时候也能做到：不被外界事物左右，对自己的要求毫不放松；能主动又自觉地按照自己一贯的道德标准去规范自己的一言一行，一如既往地保持着良好的教养。

第九节　做人要懂分寸，知进退

古人说："处事不分轻重，非丈夫也"。为人处世，要懂得分寸，知道进退，这才是一个人的教养，也是一个人自律的表现。我们每天工作和生活都忙忙碌碌，一定要懂得和遵守生活中的一些规则，你说的话、做的事都应该有原则，不能人云亦云，不要对别人评头论足。我们在为人处世的过程中，一定要从多方面考虑，言行要适得其所。

有一个叫小飞的年轻人，平时说话不分场合，周围的人很讨厌他，都对他敬而远之。

有一天，小飞到敬老院参加敬老活动。他在和这些老人的接触中，发现了一位刚刚失去老伴和儿子的老人，这位老人失去了自己最亲的

别一会儿又说什么难听的话，我们还是赶紧走吧。

这人怎么又来了？

亲人，原本应该很悲伤，可是他却非常快乐，每天都开开心心的。

　　作为志愿者的小飞，对于这些孤寡老人本应该多一些关爱，少提及别人的伤心事。可是小飞偏偏反其道而行之，他特别好奇老人为什么有这么好的心态。于是，他忍不住问道："听说你失去了老伴和儿子，为什么还能这么快乐呢？""你年纪也大了，你也知道自己活不了几年了吧？你离死亡这么近，一定很害怕很痛苦，所以你才会用快乐的样子来伪装自己，我说得对吗？"

　　刚开始老人还会回答他两句，可是后来小飞的问题越来越过分，他刻薄的话语伤害了老人的心，让老人不得不重新回顾内心的痛苦。老人终于忍不住了，拿出拐杖把他打跑了。

听说你失去了老伴和儿子，为什么还能这么快乐呢？

你给我出去！

　　我们常说"良言一句三冬暖，恶语伤人六月寒"。和别人说话的时候，言语间多点温暖，少些尖锐，谨言慎行，感同身受。千万不要咄咄逼人，斤斤计较，随意越界，不知分寸。

无论我们做什么事情，都要有个"度"。量力而行，不要太过，否则自己会难堪，别人也会在背后嘲笑。自己所做的事情，一定要经得起各种外界的诱惑，要懂得时刻自律自省，约束自我，这样才能让自己在纷杂的世界中保持一丝清明，不被各种诱惑毁灭。和亲人、朋友相处时要掌握好分寸，这不仅是对彼此的尊重，更是一种轻松愉快的相处之道。我们常说的教养就体现在小事中，小事能看出一个人的素质，能决定事情的成败。一个真正有教养的人，就是在小事中懂得分寸的人，他的举止合乎身份，语言能分清场合，做事有权衡，懂得进退和取舍。

宇泽和晓峰在同一家公司上班，在所有的同事里，宇泽是人缘最好的一个。大家和他在一起的时候，不用费力讨好，也不用有任何猜疑和顾忌，相处起来特别舒服。就像是动画片里的"大白"一样，是个守护性暖男。

有一次，部门让晓峰给新员工做培训，培训结束后，晓峰回答了新同事们提出的各种问题。他自我感觉这次的培训工作做得很到位，

还得是你啊，一说我就懂了，谢谢你啊！

不客气，咱们互相帮助嘛。

非常完美，于是满心欢喜地收拾东西准备回家。

就在这时，宇泽走了过来，悄悄地把晓峰拉到了一边，对他说："刚才你有一个问题回答错了。"

随后，宇泽就给晓峰分析了起来。晓峰听完后，顿时有些着急了，心里想，如果新员工按照我所说的那样去做，以后肯定会出现问题的，到时候就麻烦了。

晓峰急忙问宇泽这事该怎么办？他想了想，说："没事。一会儿我们建个群，把这个问题在群里好好讨论一下，就算是你对自己回答做出的补充说明。"

宇泽温柔的语气让晓峰也冷静了下来。晓峰特别感谢宇泽没有在培训上直接说出他的失误，让他"丢面子"，而是私下指出了他的错误，帮他解决了问题，也帮他缓解了尴尬。

> 这个问题回答错了。不过不用着急，我们再做个补充说明。

> 太感谢你了，要不然我就麻烦了。

所谓好教养，就是懂分寸、知进退。懂分寸、知进退的人不仅能让人听到自己内心最真诚的话语、懂得在适合的场合说适合的话，同时也能恰如其分地结束不合适的话题，顾全他人的颜面。

"自律教养"养成法

1. 君子可寓意于物，但不可留意于物。

2. 遇事要镇定，做不到的事千万不要逞强。

3. 己所不欲，勿施于人。

4. 尊重自己的工作，尊重别人的职业。

5. 出门在外，能忍就忍。

6. 做任何事都要学会适可而止。

7. "晴天带伞，饱带干粮"，要学会未雨绸缪。

8. 不要只学书本知识，还要学习如何待人处事。

9. 答应别人的事情，做好了是你的本分，做得不好是你的失职。

10. 简单的事情摸规律，复杂的事情简单做。

11. 要学会适应社会，不要让社会适应你。

12. 不要以自己的标准去要求别人。

13. 即便和别人不合拍，也要记得一句话："你如何待人，别人就如何待你。"

14. 赴约时要遵守时间，不要迟到。

15. 自己的东西合理支配，别人的东西不要乱拿。

16. 对自己的行为负责，做之前多思考，出事后要学会自己解决。

17. 给别人体面，就是给自己体面。

18. 对别人施恩，不要总想着要别人回报；受到别人恩惠，必须要报答。

19. 不要以价格的高低来判断贵和贱。

20. 人穷不能志短。

第四章
改变命运的语言教养

　　一个人说出的话，体现了这个人的素质和教养。什么样的场合该说什么话；什么时候该说话，什么时候该沉默……这些都是学问。把尊重放在谈话的首位，这是一种素养；对别人客气，不打断别人讲话，这是一种礼貌；多听少说，管住自己的嘴，这是为人处世的智慧之道。我们与别人相处时，一定要掌握好分寸，说出的话要符合身份，要合乎道理，这样才能给人如沐春风的感觉，也能让别人时刻感受到你良好的教养。

第一节　说话能体现一个人的涵养

　　沟通，是一个人一生都要学习的必修课，不论是和同事相处，还是谈生意、交朋友，我们都会在内心对这个人有大致的了解和评估，比如他的品行如何、素质如何、是否有教养等，快速判断出这个人的基本情况。由此可见，说话不仅仅是沟通，更是展现我们形象的"个人简历"。说话，对内体现了我们的涵养，对外展示了我们的形象，别人也会从与我们的对话中判断出我们是什么样的人，学会说话决定我们的成败。

　　公交车上有一位背着大包、穿着朴素的年轻小伙子。他的手里拿着一幅地图，一脸茫然。他犹豫了一会儿，不好意思地问旁边的女孩儿："您知道圆明园在哪里下车吗？"女孩儿听到这话抬起头看了一眼小伙子，说："你方向错了，得去对面坐车。"

　　本来话说完了就可以了，没想到女孩儿却偏偏又加上一句："不会

用手机导航吗？拿个地图也看不明白。"

小伙子笑了笑，没有计较。这时，后面一位大妈对小伙子说："你不用往回坐，再坐 3 站车，换个车直接就到了。"话说到这儿刚刚好，既改变了大家对北京人的印象，也帮助了小伙子。可是没想到，大妈又接了一句："现在的年轻人真没教养。"

这话让另外一个年轻人听见了，他接过话说："不能一竿子打死一群人吧，毕竟没教养的是少数嘛。"年轻人看起来很有教养，话说得也没错，可他又多加了一句话："有些老年人看起来慈眉善目的，不也有很多不干好事的吗？"

他的话音刚落，又引起了几位老年人的指责……

现在的年轻人真没教养。

不能一竿子打死一群人吧，毕竟没教养的是少数嘛。

有一些人总想用说话这件事来展现自己的个性，总是不分场合，自以为是，滔滔不绝，可是他们并不知道，自己的个性在别人眼里就是"啰嗦"，就是"聒噪"，就是"居心叵测"。

还有的人一说话就直戳别人心窝，让人难受，末了还会说一句"别往心里去，我说话直"。这哪是说话直，这是没有涵养。有的人只想着自己方便，随意打扰别人，给人添麻烦，然后会说上一句"我太粗心了"。这不是粗心，而是没涵养。还有的人说话从不考虑别人的处境，让人难堪，最后又加了一句："就是开个玩笑。"这不是开玩笑，这是没涵养……如果一个人善于倾听，不随意打断别人；不在背后议论别人是非；不咄咄逼人争个输赢；更不会用强硬的话语伤人自尊，那么，这样的人必定是一个有教养的人。

前几天，露露来找闺蜜静怡玩，她一进门就气呼呼地说起了自己的一位同事。

露露说，她的这位同事是个"奇葩"，每次只要他加入讨论，场面顿时就会冷掉，所有参与讨论的人有一个算一个，谁都不会开心。

露露还给静怡举了几个例子。

和露露关系很要好的一位女同事备孕了好几年，终于怀孕了。这本来是一件很开心的事情，办公室所有的人都在恭喜她，为她感到高兴，可是这位让人讨厌的同事却接过了话："太好了。老来得子啊，祝

真不想听他说话。

啥话都接，真是讨厌。

福祝福！"怀孕的女同事听后立刻止住了笑容，因为这位女同事才30岁，这哪儿算老呢？

还有一次，露露丢了手机，很郁闷，于是发了一个朋友圈：手机丢了，不开心。大家看到后纷纷在朋友圈里安慰她。可就是这位同事，偏偏评论了一句："看到你不开心，我就开心了。"

还有一次，同事买了榴莲，他说这玩意儿臭死了，傻瓜才会吃。

……

听了露露的话，静怡心想：这样不会说话的人，真的是世间少有啊。

> 太好了。老来得子啊，祝福祝福！

> 这样不会说话的人，真的是世间少有啊。

学会说话的精髓，参透说话之道，根据不同的场景选择最优的沟通方式，这不仅是一种生活态度，一种涵养，更是一种修身养性之道。这并不是一蹴而就的，需要我们在平时多增加自己的修为和锻炼，这样才能以更谦逊、自强的精神面貌迎接生活中更多的机遇与挑战。

第二节　把尊重放在谈话的首位

　　每个人内心都渴望得到别人的尊重，但前提是我们要先尊重他人。尊重他人是一种美德和良好的教养，是和别人建立良好人际关系的基础。可是在现实生活中，却有很多人在谈话时不懂得尊重他人。有的人只顾自己高谈阔论，不给别人说话的机会；有的人在听别人说话的时候，看东看西、不耐烦、打哈欠；有的人听到一点儿不同的意见，就反唇相讥，让人难堪……这些不尊重他人的表现，不仅会让整个谈话变得没有意义，还会引起别人的反感。因此，我们在谈话的时候，要把尊重放在首位。

　　这天上课的时候，老师站在讲台上，笑容可掬地宣布了一个特别的活动："今天，我想请每位小朋友站起来，大声告诉大家你的梦想是什么，还有为什么会有这样的梦想。"话音刚落，孩子们的眼睛都亮了

请说出你们的梦想。

起来，纷纷举手，跃跃欲试。

大多数孩子兴奋地说要成为科学家、文学家等。但当轮到一个小男孩时，他轻声说："我的梦想是变成一只小蜜蜂。"这话一出，其他小朋友都笑了，但老师温柔地鼓励他继续说下去。"因为我想采好多甜甜的蜜给奶奶尝。"

听完小男孩的话，老师的眼眶不禁湿润了，她被这份纯真而深沉的爱所感动。教室里，原本的笑声渐渐消失，取而代之的是一阵雷鸣般的掌声。这掌声既是对小男孩纯真愿望的赞赏，也是对那位懂得尊重孩子梦想、给予孩子表达机会的老师的敬意。

老师没有打断小男孩，反而认真倾听，这样的尊重不仅温暖了小男孩的心，也赢得了全班同学的尊敬。

其实，无论一个人拥有多大的成就，他对待任何人都应该是平等且尊重的。当你学会用真诚的话语和别人谈话时，就会让人感受到舒适和愉悦；当他们精神上得到满足的时候，你也能体会到美好、和谐的人际关系。

人生在世，每个人的生活环境都是不同的，每个人都有自己的世界观、人生观和价值观，我们不应该把自己的想法强加在别人的身上，学会对别人的生活有所体谅，不看低、不嘲讽，这才是我们应该具备的教养。一个善于与别人谈话的人，一定是一个胸怀大志、谈吐不凡的人，他们懂得尊重别人，替别人着想，不让别人为难、尴尬。此外，无论他们在什么样的场合，遇到什么样的人，都能够游刃有余、应对自如，这样的魅力就是你的教养。

小罗是一家公司的销售代表，他的工作内容就是为公司找到更多的潜在顾客。小罗知道，要想得到顾客的信任，就要像朋友一样真诚相待。

小罗的潜在顾客中有一个人开了一家小超市。每次小罗到这家小超市去的时候，总是会和收银员聊上几句。在和收银员聊天的时候，小罗总是非常专注，认真聆听。哪怕他聊了很长时间，也没有遇到老板；哪怕他直接被对方拒绝，他都会非常耐心。

　　有一天，小罗又一次和收银员聊天的时候，超市老板刚好回来看到了。超市老板觉得小罗不仅认真，而且特别尊重别人，于是对小罗说："你明天上午过来吧，我在这里等你。"

　　第二天，小罗又准时来到了这里。他和超市老板聊得非常开心，超市老板说："我的店里每天来来往往很多人，只有你每次都会主动和我打招呼，我看到了你对别人的尊重。我相信，如果一个人对别人尊重，那么他一定是一个真诚且值得别人尊重的人。这也是我选择和你做生意的原因。"

> 我的店里每天来来往往很多人，只有你每次都会主动和我打招呼，我看到了你对别人的尊重。

> 谢谢夸奖，与您相识是我的荣幸。

　　当我们站在平等的角度与人沟通时，就能让别人感受到我们的尊重和诚意。不要认为自己高人一等，一张嘴就说出一些不合时宜的话语或者随意去攻击别人的人生，这样会让人感受到你盛气凌人，难以沟通，从而不愿意和你有更多的往来。

第三节　多听少说，不要轻易下结论

古人说："言而当，知也，默而当，亦知也"。有时候，沉默是一种处世哲学；少说是一种思想境界；闭嘴是一种良好的教养。有时候，沉默远远比说话更有智慧。有的人说话心直口快，这并不是一件好事，有时候往往会带来误解和尴尬。所谓"言多必失"，真正有教养的人，心里都知道什么时候该说话，什么时候要认真聆听。懂得多听少说，是一种良好的教养。

李龙是一家通信公司的销售代表，最近他因为一单生意非常郁闷，自己费了很多工夫，对方却迟迟不肯签约，李龙也不知道怎么回事。

今天，李龙又来到客户的公司劝对方："王总，你们这里的维修成

王总，希望有机会再和您聊聊。

你说吧。

本还是挺高的，每个月在这上面花的钱这么多，还不如让我们帮你们重新升级系统呢。"

王总点了点头，说："这部分花费确实超出了预算，我知道你们公司服务很不错，但我觉得你们的服务和我们的实际需求……"

"抱歉，我得插句话，我们公司的专业性非常强，可以尽心为您们提供服务，需求这方面我们可以再谈，保证让你们满意。"

王总接着说："你可能误会我的话了，我的意思是……"

"明白，明白，您的意思是怕我们公司给出的方案不能帮你们解决实际问题。"

"我的意思是说，我们公司维修人员是……"王总还在努力表达自己的想法。

"稍等，王总，您给我一点儿时间，我就说一句话……"

没等李龙把话说完，就看到王总瞪了他一眼，气冲冲地离开了。

> 稍等，王总，您给我一点儿时间，我就说一句话……

> 你可以走了。

　　既然想要卖出自己的东西，至少要先听一听客户的想法和要求，而不是只顾着自己表达，轻易就下了结论。要想说服别人，就要学会先听别人说话，不能随意打断别人。这不仅仅是一种教养，更是一种处世哲学。

古人常说，作为君子，一定要谨言慎行。这就是在告诉我们，不要为了炫耀自己的学问和能力，就胡乱说话，否则很容易招来灾祸。当你和别人沟通的时候，要多去听听别人的想法和意见，不要在不该说话的时候去表达，也不要轻易下结论。真正让人喜爱的人，并不是滔滔不绝地发表自己的大道理，或者信心百倍地向别人指点迷津，而是会耐心地听完别人的表达，再发表自己的看法，才会让别人感觉到你对他的尊重。

课堂上，老师正在给孩子们上作文课，老师提出了一个作文题目，名字叫"我的梦想"。老师问同学们，你们的梦想都是什么呢？

大家纷纷举手回答。老师让一位小男孩站起来回答问题。

小男孩用清脆的声音大声地说："我长大了要当个飞行员。"

"为什么呢？"老师问。"我最喜欢大飞机了，我想自己开着飞机飞到天空去。"小男孩眼睛闪闪发亮，眼神里充满了期待。

老师接着问："如果有一天你开着飞机，突然发现没有燃油了，你

你的梦想是什么？

我长大了要当个飞行员。

会怎么办？"小男孩低头想了几秒钟，然后回答："我会告诉所有人把安全带系好。""然后呢？""我会背好降落伞，跳下飞机。"小男孩大声地回答。

顿时，班里的同学都大笑起来，他们都以为小男孩要独自逃命去了，纷纷嗤笑他。这时，老师发现小男孩一脸无辜的表情，于是接着问他："你为什么要一个人跳下飞机呢？"

小男孩抬起头，眼神坚定地说："我去拿桶燃油，再回来开飞机。"

> 你为什么要一个人跳下飞机呢？

> 我去拿桶燃油再回来。

在职场中，认真地聆听他人的讲话，不要随意打断别人，也不要随意发表看法，这不仅是对别人的尊重，也是获得别人信任的基础。对于我们而言，最好的教养就是做好一个聆听者，多听说少，不要轻易下结论。

第四节　勿用恶语伤了人心

古人说："利刃割体痕易合，恶语伤人恨难消"。锋利的刀划破身体之后，伤痕很容易就会愈合，但是用恶毒的话语伤害了别人，别人就会一直记在心里，难以忘记。语言，是我们表达自己的一种方式，用得好，能帮你维持良好的人际关系；用得不好，它就会像一把利刃，伤了别人，也有可能会害了自己。每个人的经历不同、条件不同、想法不同，所以不要轻易去帮别人下结论，更不能恶意评价别人。即便你是无心的，也是没有教养的表现。

小美和小芳是一对无话不谈的好闺蜜，两人亲密到可以穿同一条裤子，吃同一碗饭，恨不得长在一起。

后来，小美找了一位男朋友。她的男朋友是个精英人士，人脉很广，很快就给小美介绍了一家不错的公司，小美进入公司以后，工

你这个好吃，给我吃一口。

我觉得你那个好吃，咱俩换换。

作顺风顺水，整天都是开开心心的。可是她的闺蜜小芳就没有这么好的运气了，她没有年轻有为的男朋友，没有很好的工作，生活过得乱七八糟。

　　小美替小芳着急，费了很多工夫帮她留意工作机会，留意合适的单身男性。终于发现了一个家境不错、人也上进的男孩。于是，闺蜜兴高采烈地打电话告知她这个消息。可是小芳听到后，冷冰冰地回了一句："靠男人算什么本事啊！"

有个男孩特别优秀，你要不要见见？

靠男人算什么本事啊！

　　这一盆冷水泼得小美有些傻了，这是什么意思？是在含沙射影地说自己靠男人生活吗？可是她只是让男朋友帮自己介绍了个面试机会，别的都是靠自己啊！小美很难过，也不想帮芳子找工作、介绍男朋友了。

　　从这件事以后，小美再也没法对芳子知无不言，言无不尽了。

　　用恶毒的语言来伤害他人，这些话就像是一把把尖刀，听得最多的人，伤得也最深。当一个人习惯了用恶语去和别人说话时，这种话语就像是一块块铜铁，在别人心里逐渐搭建成一堵铜墙铁壁，毁掉了原本美好的亲密关系。

古人还说："口能吐玫瑰，也能吐蒺藜。"如果一个人说的话像玫瑰那样美丽，就能让人心情愉悦；如果一个人说的话像蒺藜一样布满尖锐的刺，就会让人受伤。对别人说出了恶毒的话，即便你是有口无心，即便你事后跟别人说了再多的"对不起"，这些话也会像一颗颗钉子一样，扎在别人的心上。很多人认为，严肃、严厉、苛责能够让人心生敬畏，反思自我。殊不知，一句温暖的提醒往往更能打动人心。懂得好好说话的人，往往更有教养，也更容易让人亲近。

一位女士带着孩子坐在公司大厅沙发上，孩子因感冒不停地流鼻涕。于是女士就不停地给他擦。擦完的纸随手就扔在了地上。旁边一位打扫卫生的老人几次三番地帮她收拾纸巾，可是女士却丝毫不感激，反而扭头对自己孩子说："你可得好好学习，要不就只能像他一样，干脏兮兮的活，让人瞧不起！"

老人听后没有生气，而是对女士说："请问你是员工吗？"女士瞥了一眼老人，高傲地说："我是市场部经理。"老人点了点头，然后从

你可要好好学习，要不就跟他一样让人瞧不起。

兜里拿出一部手机，拨出一个电话。没过多久，一位男士就赶到了老人面前，毕恭毕敬地问："董事长，请问您有什么事？"老人说："我建议你们重新考虑一下市场部经理的人选是否合适。"男士恭敬地回答："好的，我会认真考虑的。"原来老人是董事长啊，听到这话的女士再也没法高傲了，她羞愧地低下了头。

这时，老人蹲下来，对孩子说："好好学习很重要，但更重要的是要懂得尊重别人，不要用恶语伤了人心哦。"

要懂得尊重别人，不要恶语伤了人心哦。

我记住了。

善言善语是每个人都喜欢的语言，温暖的、赞美的话可以脱口而出，但是伤人的话一定要三思而行。请善待身边的每一个人和每一件事，多用积极、赞美的语言，这样不仅会让人信心满满，心情舒畅，也能让别人看到你的高情商和好教养。

第五节 赞美的语言，让人心情舒畅

人们常说："良言一句三冬暖"。每个人都喜欢听好听的话，尤其是赞美的话，赞美的话会让人内心充满力量，即便是数九寒天也会觉得很温暖。我们和别人交流沟通，不仅仅是为了传递和交换消息，更是需要互相激励，互相影响。用不满意的口吻和别人说话，别人自然就会产生抵触的心理，而学会用赞美的方式和别人说话，别人就会受到鼓励和肯定，才能继续进行正常有序的人际交流。

周末，小刘和几位朋友来保龄球馆打球。大家玩了几局之后，就有朋友提议说分成两队比赛，看谁打倒的瓶子总数最多。输得那一队，要请赢得那一队吃饭。

这个提议很快就得到了所有人的赞同。大家自由组队，很快就分成了两队。小刘和大壮、斌子分在了一起。

第一局很快就开始了，是大壮和另一个队的小孙比赛。大壮运气

不错，把瓶子都打倒了。对方开局不太顺利，只打倒了八个。

第二局是斌子，斌子运气没有那么好，只打倒了八个，对手却得了满分。

第三局是小刘。小刘今天发挥不利，一球下去，才打倒了六个瓶子。大壮唉声叹气地说："哎呀，太可惜了，还有四个瓶子没倒，这下第一局肯定是输了。"小刘有些不知所措，确实是自己的失误影响了团队。

这时，斌子说话了："小刘！打得不错，已经打倒了六个瓶子，我们下局继续加油！"

听了斌子的话，小刘觉得很温暖，于是振作精神，开始投入了下一轮的比赛。

采用两种不同的语言表达，换来的结果就会不同。反面的语言会让人泄气，产生不良情绪；积极的赞美却会让人受到鼓舞，振作精神，大胆去做自己该做的事。

真诚的赞美，想必没有谁会拒绝和抱怨吧？懂得真诚地赞美别人，不仅仅是自我价值的体现，更是有教养的体现。人在成长的各个阶段，我们需要不断地从外界获得认可。幼儿时，父母的一句"太棒了！"就可以让我们获得满足；长大后，我们也会在别人的肯定、表扬和赞许声中获得强烈的成就感和自信心。赞美的表达方式，决定了每个人都希望别人能看到自己的优点和长处，以此来肯定自己的人生价值。赞美不仅能让人心情舒畅，也会让彼此之间的关系更为亲密，同时还能让对方变得积极主动，朝着更好的方向努力前进。

早晨刚到公司，大家就发现从不化妆的王姐化了一个淡淡的妆，还穿了一件新衣服，整个人都变得精神了不少。

同事小茹看到了，忍不住对着王姐称赞道："王姐，你今天的衣服可真漂亮，妆也化得好看。"王姐笑了笑说："老公昨天送的，非要我今天穿。""王姐的老公可真是好男人，王姐真有福气。"小茹说。

王姐拉了拉衣服，开心地笑了起来。

这时，旁边的张莹瞥了王姐一眼，然后阴阳怪气地说："嗨，这女人年纪一大，穿什么都没感觉了，人还是要服老啊！"

　　这话一说出来，王姐就很生气。她忍不住对张莹说："我老了就不能穿新衣服了？每个年龄段都有不一样的美。"

　　张莹撇撇嘴，丢下一句："美啥啊美，谁稀罕看。"然后就扭头走了，只留下了一脸怒气的王姐。

　　张莹就是这样，嫉妒心强，也不会好好说话，总爱打击别人，大家都在背后说她没有教养。而像小茹这样，懂得好好说话，乐于赞美别人，说出的话才会让人心情舒畅，这才是有教养的表现。

> 嗨，这女人年纪一大，穿什么都没感觉了，人还是要服老啊！

> 我老了就不能穿新衣服了？每个年龄段都有不一样的美。

　　说话是一种本能，赞美就是一种力量。乐于赞美他人，说出来的话就会像一缕清风，温柔地抚摸别人的面颊，让人们感到心情舒畅，浑身都充满着力量。

第六节 好好说话，就是好好思考

古人曾说："三思而后行，三思而后言。"这是在告诉我们行动之前，要好好思考，做好计划；说话前也要不断学习，锻炼自己的判断、分析以及逻辑思维能力。只有这样，才能在说话的时候把问题想得清楚、说得明白。那些不会思考的人，说话总是没有逻辑，啰里啰唆。也有一些人，即便没有很高的学历，也没有很精彩的人生经历，但是他们说话却能有条有理、层次分明，这就是好好说话的意义。

小姜说话向来心直口快，从不过脑子，有啥说啥，也不知道含蓄一点，为此常常会得罪同事而不自知。

一次，同事小王找他商量，说手头的文案是不是可以往后拖一拖，因为领导刚给他布置了一件更重要的事。没想到，小姜听后疾言厉色地说："这本就是自己该完成的工作，找什么理由，又不是给我做

手头的文案是不是可以往后拖一拖。

这本就是自己该完成的工作，找什么理由，又不是给我做事，你自己看着办！

事，你自己看着办！"一句话把小王怼的气红了脸，也不甘示弱地和他吵了起来。

这时，领导走了过来，他把小姜叫到了办公室，对他说："你知道大家私下里都叫你什么吗？"小姜摇摇头。领导接着说："说你是'寒流'。"小姜非常吃惊，忙问为什么？领导说："因为大家觉得你说话总是又硬又冷的，说话也不顾及别人的感受，让人觉得难堪。"

听了领导的话，小王低下了头，此刻他才认识到自己的错误，原来他以为大家不爱理他是因为嫉妒他工作能力强呢，原来是因为自己不会好好说话，伤害了别人啊！

你知道大家私下里都叫你什么吗？

为什么？

很多时候，有的人不是不会好好说话，而是不懂得说话的技巧，就会出现"嘴在前面跑，脑子在后面追"这样缺乏思考的语言，不仅会影响别人的心情，同时也给人们一种缺乏教养的感觉。

所谓说话，就是要说有用的话，而不是想说啥说啥。好好说话，就是好好思考。你需要做到：不确定的话不要说。说话前想想，传出去是否会给人造成误解；说话前要想想，你的话是否会伤害到别人。当你满腹委屈、想要发泄的时候，不妨先思考一下你的抱怨能不能解决问题，如果不能就不要说出口了。

战国时期，秦国趁着赵国政权交替时，举兵攻打赵国，情况对赵国来说很不利。赵太后刚刚执掌政权就遇此危机，迫不得已向齐国求救。齐国答应出兵，却要求把赵太后的小儿子送到齐国当人质。赵太后非常宠爱自己的小儿子，听后执意不肯。很多大臣竭力劝阻，都被赵太后骂了回去。一时间，场面陷入了僵局。

大臣触龙看到这种进退两难的情况，并没有像别人一样盲目劝谏，而是仔细地分析思考起来。他知道，赵太后刚刚执政，政治经验尚浅，加上又溺爱自己的孩子，这时候和她谈论人质问题肯定会引起她的反感，只能另想他法。

齐国答应出兵，但是需要您的儿子入齐为质。

不行！我不同意！

于是，触龙来面见赵太后，并没有提及人质的事，而是先从太后的衣食住行开始，缓缓地引入到疼爱子女的话题，最后提及了王位继承问题。通过交流，赵太后意识到：如果自己的儿子不接受磨炼，那么即便继位也不能成为一个有魄力的君主。在不知不觉的聊天中，赵太后怒气全消，同意把儿子送到了齐国当人质。

如果您的孩子不接受磨炼，以后又怎能成为有魄力的君主呢？

你说得有道理。

有时候，直言直语不一定能取得好的效果，仔细思考，从旁切入，也许会有意想不到的效果。除此之外，我们每个人在与别人沟通的过程中，也要学会审视自己的内心，不断反省自己的言行，做到通达、愉悦，才能让自己在这复杂的人世间不忘初心、不违本心、不负真心！

第七节　有些话，没必要明着说

　　《弟子规》中曾用这样的话来告诫我们："人有短，切莫揭；人有私，切莫说。"在人与人之间的交往中，会说话的人往往会顾及别人的感受，看透不说透，懂得给予对方尊重，适可而止。说话是一门艺术，无论何时何地，都要记得"凡是留余地，话不可说绝"的原则，给别人留余地，给自己留口德。

　　张大千画了一幅《绿柳鸣蝉图》，画中有一只活灵活现的大蝉，头朝下趴在枝头，一副要起飞的模样。

　　这天，齐白石来家里做客。他认真地看了这幅画好半天，然后对张大千说："您画的这幅画，动静结合，十分传神，真是一幅好画。不

您画的这幅画，动静结合，十分传神，真是一幅好画。

真的吗？有时间可得好好观察一下。

过，我以前也画过蝉，当时为了把蝉画得更像，我专门到乡间找了老农请教。老农告诉我，蝉头都是朝上的，很少有朝下的时候。"

齐白石说完这句话，又看着张大千补充道："哎呀，这只是听老农说的。说实话我也没亲眼见过，我也不知道他说得到底对不对。"

张大千一直都记着齐白石的话。终于有一个夏天，张大千外出写生，专门跑到一棵大树下去观察，发现蝉头果然是朝上的。

张大千找到齐白石，把自己的发现告诉了他。齐白石听得很认真，但是却微笑不语。

此刻张大千才明白，原来齐白石早就知道蝉头是朝上的，不过是为了顾及自己的感受，才以老农为借口圆场的。

> 我观察了，蝉头果然是朝上的。

国学大师季羡林曾说过："假话全不说，真话不全说。"齐白石就是用这样的做法避免了是非，收获了友情。其实，有些话不必明着说，因为这不仅仅是对别人的一种保护和尊重，更是一种智慧，一种气度和教养。

《菜根谭》中说："使人有面前之誉，不若使其无背后之毁；使人有乍交之欢，不若使其无久处之厌。"这句话告诉我们，与其让别人当面表扬自己，倒不如让别人不要在背后诋毁自己。会说话的人，才能给人带来欣喜和快乐，懂得看破不说破，才能保存别人的体面，让别人愿意与你交往。

有人说："我们学说话用了两年时间，但是学会闭嘴却要花上六十年。"虽然有些话说出来非常容易，但是后果却难以挽回。即便是再小的事情，但只要是涉及别人的缺点，就一定要避开，不要什么都说出来。只有这样，才不会惹麻烦、得罪人。其实，无论任何时候，和别人是什么样的关系，也要懂得有些话不要"明着说"的这个道理，这样才能维护彼此的感情，减少矛盾和冲突的发生。

小林和自己的好朋友多多闹僵了，他们谁也不理谁了。

起因是小林轻信了网上的护肤品有祛斑的功效，她买了一盒，没想到抹了几次之后，就过敏了，脸上红肿了一大片。

恰巧这时候，有个朋友邀请他们一起聚餐，小林推脱不掉，只能和多多一起去。

你这脸怎么了？

网上买了化妆品，没想到过敏了。

　　小林到了现场才发现，自己喜欢的一个男孩儿也在。男孩儿看着她的脸，关心地问她："你的脸这是怎么了？"

　　小林原想着用"食物过敏"这个借口随便应付一下，可是还没等她说话，多多就抢先开了口："她还不是贪图便宜，网上买了假的化妆品。"

　　小林觉得尴尬极了，不停地拉多多的衣服，想要制止她，可是没想到多多越说越开心："化妆品就一定要用好的，怎么能图便宜呢？我都和她说好多次了也不听。唉，被骗了也活该。"

　　几句话说得小林脸都不知道往哪儿放了。好不容易聚餐结束，小林生气地指责多多，可是多多还挺委屈地说："真是好心当作了驴肝肺，以后我再也不管你了。"

　　你说这么多，不是给我难堪吗？

　　真是好心当作了驴肝肺，以后我再也不管你了。

　　把事情看明白，这并不难；发表自己的看法，这也不难。真正难的是"看破不说破"。懂得说话技巧的人都知道，有些话没必要"明着说"。因为语言可以教育别人，也能伤害别人，不要为了自己一时痛快就管不住自己的嘴，伤了别人的心。

第八节　听懂别人的潜台词很重要

古人说："言有尽而意无穷。"对于每个成年人来说，话可以说完，但是话里面往往会带有很多潜台词。沟通不仅仅是语言艺术上的沟通，更是人际关系的沟通。要想知道别人话里的潜台词，你就需要多听，听听别人说什么，想传递给你什么意思，了解对方的内心。只有听得懂潜台词，你才能在和对方的沟通中占据主导地位，同时还能给人们留下高情商的印象。

璐璐在一家教育机构做助教老师，虽然每天的工作非常忙碌，但是璐璐很喜欢，她对待自己的工作总是尽心尽力，深得领导的好评。

这天下午，璐璐在整理学生的作业时，顶头上司打来了电话。上司要求她到办公室一趟。

好的领导，我一会儿就过去。

璐璐手头正忙，于是连忙问上司："领导我这会儿正忙，您有什么事，电话里嘱咐我就行。"

上司迟疑了一下，对她说："一会儿你还是过来一趟吧。"

璐璐便来到了上司办公室。上司对她说："这段时间你很努力，表现得不错。最近单位准备从助教中选拔几个人作为授课老师讲课。你也讲过课，成绩也不错，你觉得谁可以马上上任呢？"

璐璐听出了弦外之音，知道上司是想听听她的看法，于是赶紧开口说："我虽然来得晚，经验也有所欠缺，但是能得到您对我的认可，我十分荣幸，我愿意试一试。"

就这样，璐璐把握住机会，职位很快就转为了授课老师，工资也有了大幅的提升。

> 你也讲过课，成绩也不错，你觉得谁可以马上上任呢？

> 我十分荣幸，我愿意试一试。

璐璐之所以能这么快升职为授课老师，归根结底，就是她听出了领导话里的潜台词并及时做出了判断，表明了自己的决心，从而把握住了升职的好机会。

在人与人的交往中，听懂别人说的话特别重要。有些人讲话不会直接表达，而是习惯于借助潜台词。为什么一句话能说清楚的事，偏偏要绕这么大的圈呢？这是因为有些话明着说会带来很多麻烦，而暗示可以避免麻烦，留有余地。我们如何才能听出别人的潜台词，明确别人的真正意图呢？这就需要我们在听别人说话的时候多思考，细心观察别人的言行，语调的变化以及各种姿势、动作和表情等，这样才能帮助我们对别人的语言做出更完整、准确的理解和判断。

晓峰和张景从小一起长大。之后，他们二人各有各的生活，但关系却没有疏远，还是经常会联系。

晓峰很有经商头脑，他做的生意都能赚到钱。张景也开了一家超市，虽然没有晓峰赚得多，但是也一直非常顺利。

年初，晓峰看上了一个商铺，准备盘下来开饭店，可是他手里资金一时周转不开，就想要找张景来帮忙。

晓峰来到张景家，聊了几句后就直奔主题："兄弟，你看看手头宽裕不，能不能借我二十万？"

张景以为他遇到了难事，赶紧追问。晓峰便告诉了他想开饭店的

这地理位置真不错，可就是手里差点钱。

想法。张景想了想，语气有些为难地说：“其实，凭咱俩的关系，借这点儿钱不算什么。可是我的超市最近生意不太好，亏了挺多钱。”

晓峰听出了张景的难处，于是说：“最近生意确实不好做，不过我这个饭店就开在市中心的繁华区，客流充足，而且我高价聘来了一位厨师，饭菜口味没的说。如果你能借我，我会写一张欠条给你。”

张景听后，笑了笑说：“行，下午我转给你。”就这样，晓峰顺利地借到了钱。

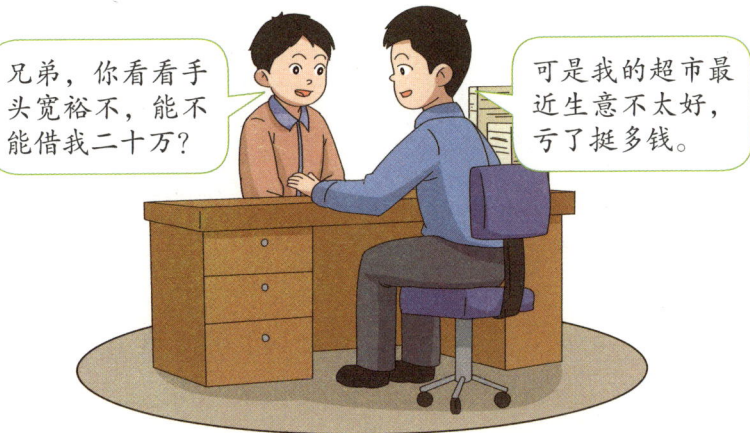

> 兄弟，你看看手头宽裕不，能不能借我二十万？

> 可是我的超市最近生意不太好，亏了挺多钱。

例子中的晓峰和张景都很会说话，一个话里有话，另一个能判断出潜台词并及时给出了反馈，这就给他们避免了很多麻烦，提高了沟通的效率。我们想要办好事情，就一定要学会听潜台词，当你能听懂别人未说出口的话时，你才算得上是一个聪明的对话高手。

第九节　越是有教养的人，说话越自信

在日常的谈话中，我们是不是经常听到这样的词："好的！""可以，没问题。""这样很好！"一般来说，积极正能量的语气都是出自有良好教养的人。他们总是会考虑到事情积极的方面，谈吐总是非常自信，让人信赖；相反，有些人经常口无遮拦、言语粗俗、出言不逊，这些人的所作所为，就会给人一种没有教养的感觉；还有一部分人的语气总是不够坚定、充满疑虑、不敢表态，这看似是一种羞怯、"社恐"的行为，但实际上还是会让人对你的能力产生怀疑，最终也会对你的教养产生怀疑。

一位朋友给大学教授打电话，说公司里急需一名职员，想让教授帮着给推荐一下。

我公司这里缺人，能帮我推荐一位吗？

我这刚好有个学生毕业了要找工作。

　　教授立刻想到了一个刚毕业的学生。这个学生条件非常符合企业的要求，于是教授便推荐他去面试。

　　没多久，教授就接到了朋友的电话。教授以为肯定是学生被录取的好消息，没想到朋友却说："您的学生校内成绩不错，人品也没问题，就是有一点，他说话声音太小了，看起来没有一点儿气势！还是先不录用了吧。"

　　教授一听，立刻想到这位同学确实有这样的缺点，说话不够坚定，这样看起来不但不自信，还给人一种优柔寡断、没有主见的感觉。于是，他请求朋友再给他一次面试机会。朋友拗不过，只好答应了。

　　教授立刻找来那位学生，告诉他说话的时候一定要声音宏亮，这样才能让人感觉到他的自信。

　　很快，第二次面试的结果就出来了。这次朋友的反应有了反转："我感觉他非常不错，或许第一次面试是有些紧张吧。"

　　不出所料，这一次学生被录取了。

他说话声音太小了，看起来没有一点儿气势！还是先不录用了吧。

我感觉他非常不错，或许第一次面试是有些紧张吧。

　　自信，是一个人对自己的能力和价值所拥有的信念，是发自内心的自我认同和肯定，也是做事情要尽善尽美的信心，更是面对困难时能够百折不挠、奋发向上的积极表现力。

在日常生活中，我们的一言一行、一举一动都在不断地向外界传递着大量的信息，自信的表达、严密的逻辑、得体的举止等，这些信息不仅能展现出我们自身的优良品质，更能显示出我们的良好教养。有时候，我们觉得谈事情不顺，那么你是否想过，是你的能力出了问题，还是你说话时的自信程度出了问题呢？想要做好一件事，首先就要拿出自己的信心。信心百倍、胸有成竹的人，说起话来才会井井有条、底气十足，这样的人也势必会赢得大家的尊重。

黄蕾到这家公司工作已有一年的时间了。她工作努力，脑筋灵活，办事很有效率，深得领导的信任，是公司的重点培养对象。刚开始，同事们都有些不服她，觉得她资历尚浅，凭什么能得到领导的青睐呢？

直到有一次，大家一起参加了一项活动，她的做法赢得了所有人的尊重，让同事们都改变了对她看法。

这个活动已经进行了三个小时，观众们不论从身体还是精神都

黄蕾，领导找你。

好嘞，知道了，谢谢。

已经达到了极限，会场里出现了各种各样的姿势，有的人睡觉、打哈欠，有的人看手机，有的人聊天，就是没有人去认真地听台上的人讲话。

最后一个是黄蕾的演讲，只见她迈着坚定的步子，从容地走到台前。她侃侃而谈，吐字清晰，语气自信，对台下乱七八糟的情况视若无睹。十分钟过去了，她依旧保持着自己最大的热情。渐渐地，底下的人都被她所感染了，大家纷纷放下手机，认真地听她演讲。

此刻，所有的同事都开始佩服这个自信从容、开朗大方的女孩了。

难怪领导这么信任她啊！

她看起来非常自信，讲得也不错。

任何人的教养都不是一朝一夕就养成的，而是需要不断地积累，才能逐渐形成强大的内心。无论是做人还是做事，我们不仅要有恒心、有毅力，更要自信起来。自信的人，才有更多积极的力量，去实现自己美好的理想。

"语言教养"养成法

1. 和任何人说话时，都要尊重对方。
2. 多用赞美的语言和别人沟通。
3. 待人接物要心平气和，以理服人。
4. 别人说话时要认真倾听，不要随意打断。
5. 如果问别人问题，别人不回答时，请立刻保持沉默。
6. 和别人交流时，不要害羞，更不要放肆。
7. 不在别人面前诋毁他喜欢的东西。
8. 管好自己的嘴，不要搬弄是非。
9. 不随意评价别人，遇到问题不要争论。
10. 没有人愿意和不自信的人交往。
11. 不要轻易告诉别人你的秘密。
12. 天上不会掉馅饼，机会留给有准备的人。
13. 说话恭敬，就不会让人生厌。
14. 言之得体，懂得适时沉默。
15. 不好听的话不要说，不好的事情不要做。
16. 对别人的好意要么就坦然接受，要么就直接拒绝。
17. 说到就要做到，做不到的话就不要承诺。
18. 别人和你说话时，要会接话。
19. 不要以开玩笑为借口去说别人的缺点。
20. 当别人窘迫的时候，用自然的方法缓解。